河北省哲学社会科学基金项目，课题名称：借力 2022 年冬奥会促进我省冰雪旅游产业发展对策研究，项目批准号：HB19TY018。

借力 2022 年冬奥会促进河北省体育旅游发展研究

葛艳明　米　珊　石　岱◎著

吉林大学出版社

·长春·

图书在版编目（CIP）数据

借力 2022 年冬奥会促进河北省体育旅游发展研究 /
葛艳明, 米珊, 石岱著 . -- 长春 : 吉林大学出版社 ,
2022.3

　　ISBN 978-7-5768-0216-0

　　Ⅰ . ①借… Ⅱ . ①葛… ②米… ③石… Ⅲ . ①体育 —
旅游业发展 — 研究 — 河北 Ⅳ . ① F592.722

　　中国版本图书馆 CIP 数据核字 (2022) 第 142017 号

书　　　名　借力 2022 年冬奥会促进河北省体育旅游发展研究
　　　　　　JIELI 2022 NIAN DONG'AOHUI CUJIN HEBEI SHENG TIYU LÜYOU FAZHAN YANJIU
作　　　者　葛艳明　米　珊　石　岱　著
策划编辑　殷丽爽
责任编辑　殷丽爽
责任校对　曲　楠
装帧设计　王　斌
出版发行　吉林大学出版社
社　　　址　长春市人民大街 4059 号
邮政编码　130021
发行电话　0431-89580028/29/21
网　　　址　http:// www. jlup. com. cn
电子邮箱　jldxcbs@ sina. com
印　　　刷　天津和萱印刷有限公司
开　　　本　787mm×1092mm　1/16
印　　　张　11.75
字　　　数　200 千字
版　　　次　2022 年 3 月　第 1 版
印　　　次　2022 年 3 月　第 1 次
书　　　号　ISBN 978-7-5768-0216-0
定　　　价　72. 00 元

前　言

改革开放以来，随着我国经济的强劲增势，旅游产业也逐渐变为现代经济成长的重要支柱，滑雪旅游作为旅游产业中的主要分支，不仅开拓了冰雪体育的发展，为社会的发展提供了新的增长点，还为大众提供了一系列新的消费方式。随着2022年北京冬季奥运会申办成功，我国领导人以及各级领导部门积极宣传滑雪运动，极大地促进了滑雪旅游产业的蓬勃发展。2016年11月，国家体育总局发布了针对滑雪运动的各项发展规划，即《冰雪运动发展规划（2016—2025年）》，规划中指出了对冰雪运动以及冰雪产业开展等重要举措；此后陆续出台了其他的指导文件，针对旅游业发展的重要性以及发展规划等做出了说明。河北省崇礼作为第24届冬季奥林匹克运动会的举办地之一，这将为河北省冰雪产业发展开辟广阔的市场，进而为河北省体育旅游发展提供良机。

本书包括五个章节，紧紧围绕借力2022年冬奥会促进河北省体育旅游发展进行论述。第一章主要介绍体育旅游基础知识，分别介绍了四个方面的内容，依次是体育旅游的起源及内涵解读、发展体育旅游活动的作用、国外体育旅游产业发展概况——以冬季体育旅游为例、我国体育旅游产业发展概况；第二章主要对张家口承办2022年冬奥会滑雪项目进行介绍，依次包括越野滑雪、跳台滑雪、冬季两项、北欧两项、单板滑雪、自由式滑雪六个项目，并且对每个项目的比赛场地进行了介绍；为河北省崇礼滑雪大区概况，主要介绍了四个方面的内容，依次是河北省崇礼体育旅游业的发展背景、河北省崇礼体育旅游业的发展概况、河北省崇礼体育旅游业的资源评价、河北省崇礼体育旅游业的市场分析；第四章为河北省崇礼滑雪大区体育旅游的发展规划，主要从滑雪旅游发展应坚持的原则、滑雪旅游周边产品规划、滑雪旅游形象设计与市场营销策划、滑雪旅游城镇发展规划四个方面进行论述。第五章为中外滑雪体育旅游区发展经验借鉴，分别从外国体育旅游区发展经验借鉴、我国体育旅游区发展经验借鉴两个方面进行了介绍。

在撰写本书的过程中，笔者得到了许多专家学者的帮助和指导，参考了大量的学术文献，在此表示真诚的感谢！本书内容系统全面，论述条理清晰、深入浅出。限于笔者水平有限，加之时间仓促，本书难免存在一些疏漏，在此，恳请同行专家和读者朋友批评指正！

作者

2021 年 10 月

目录

第一章 体育旅游基础知识

本章主要介绍体育旅游基础知识，分别介绍了四个方面的内容，依次是体育旅游的起源及内涵解读、发展体育旅游活动的作用、国外体育旅游产业发展概况——以冬季体育旅游为例、我国体育旅游产业发展概况。

第一节 体育旅游的起源及内涵解读

一、体育旅游的起源

（一）体育旅游的最早记录

最早的体育旅游记录可以追溯到公元前776年的奥运会，奥运会的全称是奥林匹克运动会，"奥林匹克"一词来源于希腊的地名"奥林匹亚"，古代奥运会于希腊的奥林匹亚举行以来已经有1200多年的历史了。体育赛事是当时希腊人生活中的重要组成部分。当时，很多城市都有自己的体育场。同时，旅行是当时体育发展的重要组成部分。参赛选手均为职业运动员，他们出行的目的是为了赢得奖品。正如戴维斯（Davis）所指出的：这些运动员不是业余爱好者。他们都经历了无数次的训练，有望获得许多奖项，此外，还有成千上万的观众前往目的地为他们的城市加油。奥运会吸引了来自希腊各地的40000名观众。那个时候，人们选择陆路或海路，使用不同的交通工具到同一个目的地观看比赛。他们睡在帐篷里或睡在路边。虽然奥林匹亚在公元4世纪建造了旅馆，但仍无法满足公民当时的需求。

罗马人继续以各种方式将旅游和体育结合起来，体育"更健康，更具有社会意识"，同时减少了竞技成分。因此，旅游者的行为也相应地显得没有过去那么重要。在运动员成为主要观众之前，某些特定于当地的赛事（如格斗比赛和赛车）已经逐渐出现并取代了赛事，至少那些观众是这么认为的。

回顾古代人类的活动是非常重要的。因为这可以说明体育旅游并不是所有现代生活的产物。而几千年前人们的旅游动机也可能影响现代人的旅游活动。

从 16 世纪开始，交通运输的快速发展使得人们的旅行变得容易，因此体育旅游的机会也大大增加了。文学作品里曾记载过一个重要的旅游现象：从 16 世纪开始到 19 世纪的"欧洲皇室旅游"促进并加速了欧洲各地社会财富在不同目的地之间的流动。有研究者把它描述为"古代文化旅游的再现"，这是我们研究古希腊和古罗马旅游行为的另一个重要依据。有研究者指出，"旅行文化"源于文艺复兴和启蒙运动，而"欧洲皇室旅游"的根本影响是促进了"旅行文化"的发展。当时体育活动也许不是旅游者出游的首要动机，但从早期"旅行"这个术语中，可以肯定出游活动在某种程度上已经表现出了文化特征。正统的教育对于早期的皇家旅游者来说非常重要，但是到了 17 世纪，社会技能变得越来越重要，其中包括体力的锻炼，如马术和剑术。

（二）关于体育旅游的研究

体育运动与身体运动机能相关联，体育所指代的现象甚至其术语本身已经拥有相当悠久的历史。从学术意义上研究它与旅游的关系，只是最近半个世纪以来的事情。

1975 年 10 月 9 日，在纽约举行了为期 1 天的"运动和旅行"（Sport and Travel）会议。该会议是为了研究旅游和运动市场的相关问题而举办的，与会者回顾了以往在两个领域已经发生的相互影响，对未来的趋势做了评估，并就如何销售和推销两者所共同构成的新型市场提出了一些建议。这次会议的举办标志着运动与旅游之间的市场融合已经初露端倪并得到了学术界的关注。

此后，在一些大型体育赛事（如 1988 年的汉城奥运会）举办期间，旅游业乘体育之势成为学术界的重要关切点，并日益被纳入体制性的学术研究视野，这种势头在整个 20 世纪 80 年代达到了一个小高潮。由以色列温盖特（Wingate）研究所的 Mike Garmise 所编撰的《户外教育、休闲与体育旅游国际研讨会论文集》（*Proceedings of International Seminar and Workshop on Outdoor Education, Recreation and Sport Tourism*），便使用了 sport tourism 一词。自 1993 年 *Journal of Sport & Tourism*（JST）创刊之后，这一用语便成为英语世界的规范用词，差别仅表现为该刊的文章主要使用了 sports 这一复数形式。例如，在 *Journal of Sport*

& *Tourism* 1993 年第 1 期中，就有 4 篇文章（"Inaugural address, sports tourism international council" "Global understanding, appreciation and peace through sports tourism" "Sports tourism facility management functions" "Sports tourism international council: Review of activities"）在标题中直接使用了 sports tourism 这一术语。这一用法与该刊刊名中的"sport & tourism"形式之间的不一致，可能也是造成后来有关英语术语"sport tourism"和"sports tourism"争议的根源之一。

进入 21 世纪后，国外体育旅游研究在规模和水平上都上了一个台阶：一方面，不仅论文数量激增，而且发表体育旅游学术成果的期刊数量也大幅度增加，仅英文期刊就超过 50 种；另一方面，不仅相关领域的研究水平得以大幅度提高，科学实证的研究路径得到普遍推广，而且相关研究也不断向纵深发展，其中的标志就是一些刊物专门组织了体育旅游特刊，集中展示相关研究成果。据不完全统计，在此期间，JST 共出版体育旅游特刊 11 期，主题涉及范围相当广泛，如：体育旅游，遗产、体育与旅游，体育"粉丝"和观众作为体育旅游者，体育旅游发展的可持续性，体育旅游的文化基础，体育、旅游与国家标志，体育、旅游与奥林匹克赛事，体验体育旅游，体育旅游目的地，体育旅游理论，参与型体育旅游。在此期间，*European Sport Management Quarterly*（ESMQ）、*International Journal of Sport Management and Marketing*（IJSMM）——和 *Tourism Economics*（TE）3 本期刊也推出了 4 期特刊，主题分别为：体育旅游——理论与方法；管理奥运体验——挑战与回应；体育旅游研究进展——营销 与管理；体育与旅游——经济效应。这些特刊的推出极大地推动了学术界对体育旅游的研究，使体育旅游很快成为一个重要的学术研究领域，并逐渐作为旅游知识版图中的一个分支引起人们的关注。

相较于国外体育旅游研究而言，国内的研究起步稍晚，在中文文献中有关体育和旅游的话题起初也是分开讨论的。在中国知网上所能查阅到的中文文献中最早将旅游和体育相提并论的文章是王占春 1984 年发表的《旅行旅游与体育》，也将两者视为相关的"两种"现象。尽管该文不算一篇规范的实证性学术论文，文章的目的主要是为学校的体育教育立言，但值得关注的是，该文已经敏锐地注意到了体育与旅游的内在联系："旅行是体育的手段之一，但是，现在很少有人再提起旅行，它已被旅游所代替。其实这两者有许多共同之处，却又不完全相同。""旅游也是一项十分有益的体育手段。通过旅游促进身心健康。人类社会的发展，特别是在发达国家，大城市的人口不断集中，环境污染严重，体力活动减少，人们赖以生存的自然环境不断失去生态平衡，因此许多人都希望有机会离开喧嚣的闹市，多接触一些大自然，除了必需搭乘的交通工具外，多以步行、涉水、爬山等活动接受大自然的恩惠为享受。"[1]这段表述已经触及旅游本质。显而易见，这种认识恐怕今天也并没有更多人可以超越。在 20 世纪 80 年代，另一篇将旅游与体育相提并论的是当时北京市旅游事业管理局研究室王仕平发表于《旅游学刊》上的文章，主旨是"充分利用亚运会良好契机促进北京市旅游业的发展"，率先将体育赛事与旅游相关联。可以看出，20 世纪 80 年代这仅有的两篇涉及体育旅游的文献都不是基于理论诉求的学术文章，而是面向社会实践所提供的一种对策性建议。这种传统延续到 20 世纪 90 年代，以至于在此期间发表的将近 20 篇文章中，只有曹缔训、刘杰和韩鲁安等将目光投向了体育旅游的理论问题以及知识体系构建问题。

　　进入 21 世纪之后，国内的体育旅游研究呈现出数量上的爆发性增长。据不完全统计，在 2000—2020 年，国内共发表相关论文 9419 篇，国外只发表相关论文 804 篇，相差悬殊（图 1-1-1）。从总体上看，国内外在体育旅游相关领域的发文数量均呈现上升趋势，只是国内的增长速度更快。进一步审视国内体育旅游相关研究，逐年攀升的论文数量意味着"体育旅游"的主题不断被关注和讨论。然而，若从科学研究的类型看，以对策和规范研究为主的成果数量远远超过相关的基础理论研究。这也集中暴露了国内体育旅游研究在理论诉求方面并未达到应有的规模和水平。

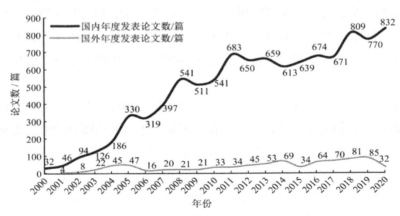

图 1-1-1　国内外体育旅游相关论文发表数量

二、体育旅游的内涵解读

（一）体育的定义

1. 体育的概念

体育是人类社会发展中，根据生产和生活的需要，遵循人体身心的发展规律，以身体练习为基本手段，达到增强体质，提高运动技术水平，进行思想品德教育，丰富社会文化生活而进行的一种有目的、有意识、有组织的社会活动，是伴随人类社会的发展而逐步建立和发展起来的一个专门的科学领域。体育的概念有广义和狭义之分：体育的广义概念（又称体育运动）。是指以身体练习为基本手段，以增强人的体质，促进人的全面发展，丰富社会文化生活和促进精神文明为目的的一种有意识、有组织的社会活动。它是社会总文化的一部分，其发展受一定社会的政治和经济的制约，并为一定社会的政治和经济服务。体育的狭义概念（又称体育教育）。是一个发展身体，增强体质，传授锻炼身体的知识、技能，培养道德和意志品质的教育过程；是对人体进行培育和塑造的过程；是教育的重要组成部分；是培养全面发展的人的一个重要方面。

2. 体育的要素分析

体育要素主要体现在游客的体育动机、对体育活动的参与以及目的地对多元化体育设施的供给方面。结合体育旅游活动及游客行程等内容，可将体育旅游的"体育"外延扩展至两个方面。

（1）体育活动范畴的界定

对体育旅游进行界定遇到的困境之一就是"体育"的概念过于宽泛。垂钓、高尔夫、滑冰、趣味跑步、空中滑板和攀岩等活动，是否只具有竞争特性时才可以被称为"体育"，反之，就仅属于娱乐和探险活动。迪瑞（Deery）等认为体育旅游中所涉及的体育活动必须具有一定的竞争性。因此，体育旅游基础研究应适当考虑将具有"竞争性""规则性"或"组织（团体）性"列入体育旅游的概念，并在此基础上进行更深入和细化的体育活动范畴划定和体育旅游类别界定。

（2）参与者职业属性与行程的关系界定

体育活动的参与者可分为业余爱好者和内行。分歧主要集中在"内行"这一群体上。按照张凌云提出的"惯常环境"的内涵，专业或职业运动员在到达异地之后，若不进行除专业训练或参赛外的其他游乐活动，则该环境属于其工作环境，即仍处于惯常环境的范围之内。虽然不以直接的利益赚取为目的，但他们不同于普通的商务旅行者，其参加比赛的行为在很大程度上直接有助于个人身价或形象的提升。因此，也不符合"不以经济利益获取为目的"这一旅游的本质。

（二）旅游的定义

和"体育"一样，"旅游"的定义也多种多样，它们都强调旅游要走出家门。尽管有些人认为商务出行属于旅游，但更多人认为出游是为了休闲。出游是定义旅游的必要因素，但也可从不同角度、不同侧重点给出旅游的定义（甚至包括动机）。例如，有人认为旅游是一种经济活动或者产业。根据里安（Ryan）的研究，这种看法意味着旅游应该被定义为"关于离开居住地出游者的需求和为其提供食宿和相关服务的供给，包括支出方式、收入来源和就业机会的研究"。有研究者给旅游下的定义是："为了休闲而从居住地到另一个地方的出游过程，这一过程也是经济收入的再分配过程。"

（三）体育旅游的术语使用和概念界定

体育旅游这一术语以及相关概念界定在学术界并未达成完全一致意见。在国外，一直存在着术语选择上的争议；而在国内，存在西文翻译成中文时文意表达的适当性问题。下面就此略作评述。在英文文献中，有关"体育旅游"的术语，主要有 3 种表达形式：sport tourism，sports tourism，sport（s）& tourism（其余非主要形式略而不论）。从文献统计的结果看，这 3 个术语在不同的历史时期所占据的学术地位不同，具体表现如图 1-1-2 所示。对英文文献进行梳理时会发现，在标题中以上述 3 种术语形式出现的学术文献数量在 2000 年前后呈现明显的不同：在 2000 年之前，都以 sports tourism 这一术语的使用为主，sport tourism 次之，sport（s）& tourism 最少。在这一时期，sports tourism 能够占据压倒优势，要归功于体育旅游专业期刊 JST 的主张与坚持：从 1993 年创刊到 1999 年，该刊发表的学术论文的标题中使用 sport stourism 多达 63 次，而使用 sport tourism 仅 3 次，sport & tourism 仅 1 次。该期刊作为本领域的权威期刊，它的这种坚持也直接影响了其他期刊以及整个学术界的术语选择倾向。因此，同期在其他期刊中发表的相关学术论文，在标题中使用 sports tourism 的倾向也相当明显。这种情况在 2000 年后出现了转向：学术界逐渐抛弃 sports tourism 一词而选择使用 sport tourism，这主要源于期刊的多元性，尤其是社会科学领域的期刊开始大量发表体育旅游的相关文章，也体现了人们要将 sport tourism 打造成一个独立而非组合概念的"决心"。

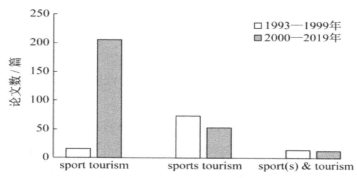

图 1-1-2　1993—1999 年和 2000—2019 年间论文标题中"体育旅游"术语使用情况

这一事实反映出国外学术界已经一致将 sport tourism 作为一个专有术语使用，其中明显体现出要将 sport 作为形容词而非并列的名词使用。这样的术语选择结果也很自然地在逻辑上呈现出将体育旅游视为多种多样的旅游类型之一的倾向。显然，经过近 30 年的努力，国外在体育旅游术语选择上所达成的学术认同是体育旅游知识走向成熟的一个标志性起点。

早期国外学术界出现的有关体育旅游术语使用上的差异，一方面反映了体育旅游内涵的丰富性，另一方面则反映了不同研究者因关注视角的不同而引起的观点差异。如吉布森（Gibson）认为，sport 更能凸显体育旅游的整体性和类型特征。与此相反，韦德（Weed）等认为，sports tourism 可以描述一系列多样的、混杂的活动和体验，有利于对体育旅游参与活动进行现象学探索。尽管人们所使用的术语不同，但其对体育旅游的理解并无本质性差别。反观国内学术界对体育旅游术语的使用，从体育旅游进入学术视野的最开始阶段直到现在，呈现相对稳定、专一的态势，"体育旅游"一词基本得到了学术界的普遍认可和一致使用，英文则比较一致地对应"sport tourism"这一表达形式。由于"体育"一词在当代汉语中已经形成了极其牢固且狭隘的概念意涵，因此，当在汉语中将"体育"与"旅游"相关联并构成一个新的概念时，难免会使人们用传统的汉语意涵解释新的术语的内在意指。事实上，这种情况正在发生，并已经开始影响体育旅游的知识生产策略和知识体系化整合的路径。

《现代汉语规范词典》对"体育"一词的解释是"增强体质、促进健康等方面的教育，以各项运动为基本手段"。这一解释是当今人们理解中文"体育"一词最普遍、最一致的共识。也正因如此，偶尔会在中文文献的"体育"一词之后，发现标注的对应英文是 physical education。当前，在谋求体育旅游作为旅游下属的一个知识分支并实现体系化发展的努力中，必须让"体育旅游"这一概念的内涵摆脱这种狭隘的世俗化理解，还其本来面目。

这里所谓还其本来面目，是指根据英文 sport 一词的本义以及学术界多年来在探讨 sport tourism 相关问题时所形成的类型化知识架构，重新界定中文"体育旅游"这一概念的内涵和外延，从认识论角度更为合理地确定体育旅游的知识谱系。

根据《牛津词典》对 sport 的解释，其词义主要有三：首先是"有规则的娱乐性竞赛"，其次是"某种特殊的运动项目"，最后是在较为正式用法中用以表达"乐趣、消遣、娱乐、逗笑"意涵的词语。在这 3 个主要含义中，最为突出的意指展现的是相关活动所具有的"愉悦性"或"娱乐性"本质，而这种愉悦性活动的实现方式的独特之处仅在于规则的相对严格性。从这个角度去对比中文"体育"一词的含义发现，中文的"体育"带有明显的严苛性、规范性、教育意味，甚至隐约的国家主义色彩，娱乐性的意指已荡然无存。这一点在将体育作为一种独立的竞技运动现象，进而展开传统意义上的考察时，并没有什么学术上的障碍，但一旦体育与旅游"结缘"，就立刻暴露出中文"体育"一词在概念层面的局限。这种情况从一些有关体育旅游的概念辨析的英文文献中也可见端倪。

古特曼有关玩耍（play）、游戏（game）、竞赛（contest）和体育（sport）关系的概念性辨析，对深入理解英文"sport"一词并进而厘定体育旅游这一术语的核心意指十分有益。在古特曼的书中 play 和 game 都被翻译为游戏，对照英文原文，这里统一将 play 翻译为"玩耍"，以便呈现 play 和 game 的区别。如图 1-1-3 所示，展现了相关范畴的概念谱系关系：作为一种休闲行为，玩耍具有最宽泛的意指，在不同程度上包含着游戏、竞赛、体育等多重或复合含义，甚至还与旅游有所交集。在这一概念之下，游戏是有组织、有规则地玩耍，竞赛是有竞争的游戏，而以身体参与为主要特征的竞赛是体育。作为 4 个范畴的最高阶形式，"体育"强调了身体参与和竞赛的双重意涵。当这种体育与旅游结缘形成新的旅游类型即体育旅游时，它必然根植于玩耍，并融合游戏、竞赛、娱乐等多重内涵。不过，即使体育旅游的内涵再丰富，作为旅游之一类并基于玩耍这一概念所具有的本质特征，它也必然同样是一种以追求愉悦为目的的异地性休闲体验。

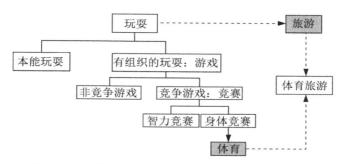

图 1-1-3　玩耍、游戏、竞赛、旅游与体育范畴的内在关联

（四）体育旅游概念内涵的时代演进

从认识论的视角看，体育旅游概念缘起于体育旅游活动的实践，已有定义方式的宽泛化也正是这一实践活动丰富性的体现。然而，随着体育旅游作为"新业态"的实践不断丰富，体育旅游概念的内涵与外延自然也处于不断演进的状态。如果说对体育旅游概念的界定需要在其属性基础上是诸多研究的一个基本共识的话，那么过于机械化、简单化、静态化地定义体育旅游自然难以真正抓取体育旅游的本质属性。尤其是体育旅游作为人物、地点与活动的交流，在时代不断演进的背景下，也必然会呈现出多面属性。

1. 体育旅游的经济属性

回顾发展历程，旅游和体育均体现出极强的事业属性，而今，随着旅游产业发展的日趋成熟及体育的产业属性不断挖掘，体育旅游的经济属性愈发显现，并在发展中与宏观经济起到了较好的双向促进作用。一方面，经济的飞跃为体育旅游发展提供了良好的环境保障并创建了各种可能性，可支配收入的提高为体育旅游需求释放起到了进一步的推动；另一方面，体育旅游的发展正是区域持续推动新经济业态发展的结果。

从产业互动角度看：

一是结合旅游经济发展。在破解产品同质化困境的驱动下，各个地区竞相探索新型旅游业态，推进特色化、体验性旅游发展，而体育旅游正是在这一背景下不断发展壮大。

二是结合体育经济发展。体育旅游也是各地在不断推进竞技体育向群众体育、大众健身过渡，推动体育活动与国民休闲融合，充分释放体育产业潜能的过程中形成的。有研究者指出，无论作为一个研究领域还是市场产业，"市场的经济效益"对"体育旅游"日益重要。

事实上，在体育旅游研究中，多数学者也关注到了这一点，即将经济效益考量作为体育旅游产业研究的重要切入点，如大型体育赛事的经济效益、体育旅游与相关产业的联动发展。

2. 体育旅游的文化意象

旅游系统不仅是经济系统，更是文化系统和社会系统，旅游是"人与生俱来的需要""先天的，不受外界条件变化而变化""经济性、社会性是后天赋予的"。对体育而言，其文化内涵的重要表征不仅是竞技体育所体现出来的顽强拼搏的运动精神、友谊至上的比赛理念及为国争光的民族凝聚，更是大众通过参与体育运动而获得的超出强身健体功效的精神文化体验。因此，对于体育和旅游结合的产物——体育旅游，文化属性理应成为其一个重要属性。事实上，文化属性在游客自我构建和目的地发展中扮演着重要角色。大量的旅游研究充分考虑了旅行的商业化程度与个人感知到的真实性之间的关系，而"存在的真实性"由于本质上是体验性的，因此对体育旅游至关重要，因为自我创造和社区发展将在体验过程中得以巩固。

第二节　发展体育旅游活动的作用

一、体育旅游的分类

吉布森（Gibson）依据参与和非参与的分类框架，将体育旅游分为参与型体育旅游（active sport tourism）、观赏型体育旅游（event sport tourism）、怀旧型体育旅游（nostalgia sport tourism），其中后两者属于非参与型体育旅游。研究者由此提出了一个典型的体育旅游定义，即"个体临时离开居住地，旨在参与体育活动，或观看体育活动，或者表达对体育活动相关吸引物的敬仰而进行的休闲旅游"。不过也有研究者认为，怀旧型体育旅游更多的表现为旅游动机，因而建议在参与型体育旅游和观赏型体育旅游这个框架下加入共鸣参与（vicarious participation）的概念。不可忽略的是，吉布森对于体育旅游概念的界定和分类其实存在一定的形式逻辑问题，不仅违背分类的互斥原则，还存在循环定义的错误。此外，还有学者根据旅游动机的构成，将体育旅游划分为旅游体育和体育旅游两类，两者都可以进一步分为硬（hard）参与和软（soft）参与。

在传统意义上，旅游者的身体参与程度是体育旅游概念界定和分类的主要依据。拉蒙特（Lamont）和普威（Shipway）等将环法自行车赛（Tour de France）中的那些参与比赛的人作为研究重点，不过他们也注意到环法自行车赛路边那些聚在一起、行为滑稽可笑的观众。虽然他们同为体育旅游者，但由于类型不同，身体在其中的参与程度也有所差别。将不同类别的体育旅游置于以体育和体育旅游为两极的连续体上即可发现：参与型体育旅游的身体参与程度最高，是体育旅游的代表性类型，表现为旅游者加入特定形式的体育活动，常见的形式有冲浪、攀爬、皮划艇等，还有很多与探险旅游（adventure tourism）和极限旅游（extreme tourism）相关的形式；共鸣参与型体育旅游和观赏型体育旅游为中间的体育旅游类型，表现出一定程度的身体参与，怀旧型体育旅游则为非参与型体育旅游，旅游者所关注的焦点不在体育活动，而是曾经开展体育活动的场所或社会关系。越靠近体育范畴的体育旅游类型，越表现出身体主动和硬参与，而完全属于体育范畴并无任何旅游成分的体育赛事及活动，不再属于体育旅游的范畴；与之相对，靠近体育旅游范畴的体育旅游类型则趋于一般旅游类型，表现出身体被动和软参与的特点。

如图 1-2-1 所示，所展现的关于体育旅游的范畴关系以及相应的分类框架，既强调了体育旅游者的身体参与特征，也明确了体育旅游的"旅游"属性——体育旅游并非某种专业性、职业性的体育竞技活动，其主成分是在异域环境中以身体参与为主的休闲体验所能带给人的运动快感。也正是由于其身体参与的特点，体育旅游与其他类型的旅游形式相比具有明显的区别。

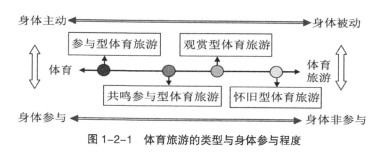

图 1-2-1 体育旅游的类型与身体参与程度

二、体育旅游的作用

（一）经济方面

大力发展体育产业，促进全民健身运动是国家对全国人民做出的激励政策和承诺，因此，在全民旅游的当下，将体育事业和旅游产业进行结合，不仅是对国家体育健身政策的积极响应，更是从基础做起，全力促进全民健身运动的体现。体育旅游产业对我国的经济发展有着重要的意义。

1. 有助于旅游产业多元化发展

旅游产业多元化发展对旅游产业的完善有着积极的导向作用。旅游资源在过去分为自然资源和文化资源，而体育旅游的兴起，拓宽了旅游资源的渠道，从侧面提高了旅游产业结构的优化，为旅游产业的高标准、全面化走向提出了更高的要求，例如体育旅游产业中衍生的餐饮行业、文化传媒行业、产品制造业、交通运输业等。多元且多样性的产业融合是旅游业发展和开发的基础，只有不断对旅游产业的结构进行优化和完善，才能保证各地区旅游景区的可持续性、战略性发展。

2. 有助于文化、体育、生态资源完美融合

各地区文化、体育、生态资源的完美融合能进一步提高旅游经济的快速发展。体育元素的加入，使得各地的文化、体育、生态资源能够更好地融合，对地区旅游特色的凸显有着重要的作用。特色体育产业的规划、体育竞技赛事的举办、体育旅游特色产品的开发和宣传等都是对各地区传统旅游的二次开发和推广，在一定意义上属于旅游的创新和革命。

3. 有助于宣传当地民族文化和原生态的景观

对少数民族文化和原生态的景观都有很好的宣传意义，从而促进中国文化的传播和对外的交融。旅游中很多景区属于我国少数民族地区，过去对于少数民族地区的旅游，我们更多依托的是文化和景观；但在体育融入的基础上，少数民族文化的特色和原生态性则更能直观地展现出来，这对于我国各民族的优秀文化交融和传播都是利好的一面，同时对于喜欢体育运动的外国友人而言，我们的特色也在吸引着他们来华参观，这对于中国文化走向世界也是一项重要举措。

4. 有助于体育文化建设

体育旅游对于营造全国人民积极健身氛围、打造全国各地区特色的体育文化有着重要的意义。体育文化是我国历史文化中的一枝奇葩，古有各项体育活动如马球、赛马等，今有奥运体育和各地区的少数民族体育活动等，这都是我国体育

文化的彰显和凝聚。体育文化旅游产业将休闲性的旅游和体育相结合，从文化角度出发，凝聚山水生态资源，这对我国各地区的体育文化建设有着深远的影响。首先，这是对国家全民健身政策的积极响应；其次，通过多元化的文化融合形式，将各地区的体育精神高度凝聚，对于我国创新性的体育文化创建也是有百利而无一害。

体育旅游是随着时代发展而产生的一种新兴休闲活动方式，将新产业与旅游和体育的特性相结合，达到取长补短、相辅相成的效果。从目前的情况来看，体育旅游在带动地区经济增长，促进体育产业发展以及提高全民素质等方面都具有重要的意义。

（二）社会方面

注重生活质量和平等原则的活动策划是环保旅游的一个重要组成部分，主办方尤其希望通过举办特殊活动增强游客体验，提高目的地的吸引力。大型活动最重要的社会效益之一就是活动设施在活动结束后可以向本地民众开放。

1. 提升国民身心健康

人们可以通过参与体育旅游运动改变不良的生活习惯，养成健康的体育生活方式，提升健身和生活质量。尤其是人们在良好的休憩环境中进行森林浴、郊野远足、登山露营等消遣的休闲活动中可以增强体质、消除烦躁、陶冶情操，这种接近自然、感受自然的体育旅游运动是现代城市中的体育运动所无法比拟的。因此，体育旅游对于提升人们的身心健康，改善生活质量有其独特的作用和价值。

2. 增进国际之间的友好往来

目前，体育旅游活动在世界范围内得到了一定的普及和发展，各个国家把焦点都放在一些大型的体育赛事上。以奥运会为例，不同国家、民族和宗教信仰的人聚集在一起，在"同一个世界，同一个梦想"的口号下，以和平与友谊为宗旨进行公平竞赛，将各国家、各民族之间的冲突降到最低，使得各国家、各民族可以互相交往、了解和学习，促进了国际之间的友好往来，搭起了国际之间沟通与交流的桥梁。

第三节　国外体育旅游产业发展概况
——以冬季体育旅游为例

本节将以国外冬季体育旅游为例，对国外体育旅游产业发展概况进行介绍。

一、冬季体育旅游概念解析

作为体育旅游的一个细分类型，冬季体育旅游发展迅猛。有研究者区分了"体育旅游"和"旅游运动项目"两个概念，而每个概念又有广义和狭义之分（表1-3-1）。

表 1-3-1　冬季体育旅游和冬季旅游运动项目

冬季体育旅游		冬季旅游运动项目	
狭义概念	广义概念	狭义概念	广义概念
主动或被动参与竞技性体育赛事	（大体上）主动参与体育休闲活动	偶然参与的小型体育或休闲类活动	作为旅行的次要目的，主动或被动参与的运动项目
冬奥会；残奥会；世锦赛；极限运动；冰上竞速	滑雪假期；滑雪度假村；滑雪学校；滑雪营	这一类别可以有不同的解释，包括游客在旅行期间遇到的所有同滑雪有关的设施（尽管他们并不一定会去使用那些设施）	冬季体育度假村；滑雪度假村附近的酒店；在滑雪度假村附近进行的户外探险游；有滑雪山的度假别墅群旅游景区

二、国外具有代表性滑雪胜地的体育旅游发展概况

（一）法国

1. 概况

法国有北阿尔卑斯山、南阿尔卑斯山、比利牛斯山、中央高原、汝拉山、孚日山和科西嘉岛等，山地（海拔在 600m 以上的地区）面积达 12 万 km²。法国的滑雪场主要分布在阿尔卑斯山区和比利牛斯山区。法国共拥有 400 多家滑雪场，垂直落差超过 2000m 的雪道总长度超过 650km。滑雪场分布相对集中，规模不尽相同，每座滑雪场均有其目标客户群，通过与地域文化相结合的服务，满足顾客不同的需求。

在滑雪度假区外围形成了滑雪器材、装备生产制造基地。法国 Quicksilver（销量居世界第三）品牌的产品在创新、设计、舒适度、安全及质量方面表现超群，从而促进滑雪产业链的全面发展，使基地起到很好的经济带动作用。

以滑雪旅游产业为起点，发展多种休闲旅游。法国发展滑雪旅游产业注重滑雪与法国休闲、时尚的结合。滑雪者不仅可以欣赏乡村风光，而且可参加滑翔伞、直升机观光、登山、攀岩、游泳、保龄球等多项休闲旅游项目，冬季旅游项目逐渐转变为四季旅游项目。

法国结合本地传统文化，发展滑雪旅游产业。法国发展滑雪旅游产业的同时非常注重当地本土文化的传承，滑雪场既热情好客，又追赶时尚潮流。滑雪场周而复始地举办各种艺术节，上演种目繁多的剧目，进行各种体育赛事和娱乐活动。

法国代表性滑雪区有沙莫尼滑雪大区、拉普拉涅滑雪度假区、豪兹滑雪场、瓦勒迪泽尔滑雪场和蒂涅滑雪场。

沙莫尼滑雪大区简介

勃朗峰是欧洲最高峰（海拔 4810m），是欧洲的圣山，有法国最大的冰川，长 14km，宽 1800m，厚度达到 4001m。沙莫尼坐落在勃朗峰山脚，是一个雪山环绕的美丽小镇，位于法国边境，与瑞士、意大利接壤。作为欧洲滑雪天堂，世界最著名的滑雪区域之一，沙莫尼滑雪大区自然条件得天独厚，滑雪期为 9 月到次年 4 月，拥有世界上最大的缆车服务系统和最长的滑道。沙莫尼滑雪大区由勒图尔（Le Tour）、佛列雷（Flegere）、阿让杰（Argentiere）和莱坡尔（La Prez）四个主要滑雪区组成，共计 13 个大型滑雪场，雪道总长度约 160km，雪道垂直落差 2500m。雪道包括初级的绿道、中级的红道和高难度的黑道。

沙莫尼滑雪大区以险闻名于世界，野雪道白色峡谷（La Vallee Blanche）起点是海拔 3842m 的南峰，部分雪道穿越冰海地带，可直接滑回沙莫尼镇，总滑行距离约 22km，吸引各国滑雪高手。沙莫尼镇交通便利，有直达日内瓦、巴黎、里昂等多个城市的公共交通。小镇的主要商业街全长不过 100m，却拥有世界所有知名品牌的户外服装和用品的专卖店或专柜，还有 100 多家商店、超市、药房、餐馆和酒吧等。沙莫尼镇还是登山运动的发源地，被公认为山地运动之都。勃朗峰的滑雪证可以在沙莫尼滑雪大区范围通行，还可以在默热沃、圣热尔韦（St-Gervais）和圣尼古拉（St-NicoLas）三个度假胜地使用。

拉普拉涅滑雪度假区简介

由缆车将几个小岛般的镇子连接成的拉普拉涅滑雪度假区坐落于法国东南部的阿尔卑斯山脉，塔兰苔斯山谷，海拔在 1250~3500m。该区距里昂 196km，是世界上最大、最现代化的滑雪场之一，1992 年曾举办冬季奥运会，有"滑雪天堂"的美誉，每年冬季都有数以百万计的各国滑雪爱好者来此休闲。拉普拉涅滑雪度假区有三个雪上运动公园：拉普拉涅、佩赛·瓦郎得利和雷萨克，其中，雷萨克雪上运动公园位于终日阳光普照的瓦勒迪泽尔，可饱览壮丽山景。该度假区由三幢木房子组成，拥有全欧洲最好的粉雪道，刺激、新奇兼而有之，另有 1 个滑雪 U 形场地和 18 家滑雪学校、500 名滑雪教练。134 条（10 条黑道、34 条红道、79 条蓝道、11 条绿道）四通八达的雪道及 109 条缆车索道将滑雪区互联成网，滑雪面积达 100km²，雪道总长 225km，还有一条长 300km、令人毛骨悚然的斜坡。

除了滑雪运动，该度假区还提供多种旅游服务。如滑翔伞、直升机观光、溜冰、狗拉雪橇、雪地漫步、登山、室内攀岩、游泳、保龄球，甚至保健按摩、尚帕尼的攀冰等项目应有尽有，能够满足旅游者的各项要求，提供给旅游者完美的体验。拉普拉涅滑雪度假区更为人所称道的是自然风光与配套服务，每个小镇的商业设施都非常完备，酒吧、咖啡馆、小商店，一应俱全。

2. 主要特点

法国雪资源和气候条件得天独厚；起步早、规模大；滑雪设备科技含量高、滑雪装备先进；脱贫致富、城乡统筹、支柱产业、经济和社会效益显著；旅游产品丰富，拓展本国市场，促进国际化发展。

（1）滑雪场分类明确，定位清晰

法国的滑雪场一般分家庭滑雪场、村庄滑雪场和超级滑雪大区。超级滑雪大区一般是指长 20~30km 的雪道。家庭滑雪场一般是以小孩为中心，满足儿童吃、乐、娱各种活动的需求。滑雪场定位清晰、准确，如娱乐性滑雪场、运动竞技性滑雪场。

（2）社区式与公司式两种组织结构形式

法国滑雪度假区有两种不同组织结构形式，即社区式与公司式，公司式相对效益要好些，社区式转向公司式发展很难。法国有 300 多个滑雪场，一般会有专门的机构及时处理和协调各大滑雪场的关系，可以是一个滑雪场有一个负责机构，也可以是多个滑雪场共用一个负责机构。

（3）规划具有前瞻性，注重核心竞争力建设

法国老滑雪场的规划都在升级，新滑雪场的开发要高起点、高定位。在滑雪场外的小城镇停车后，先用公共交通工具进入滑雪场入口，再用缆车把游客送进滑雪场。法国滑雪场的核心竞争力首先是滑雪场本身优势，尤其是雪道的状况，其次是交通的便利，最后是住宿的舒适度。

（4）政府注重宣传和营销

法国滑雪度假区的宣传营销70%的费用是国家拨付，30%的费用是公司承担。滑雪者从第一次参与者到忠诚的滑雪者的转化率低于15%。积极参与者能力水平大多介于新手和中下等水平之间，因为其中约64%的滑雪者的滑雪经历都在三年以内。因此，法国政府非常注重滑雪营销计划。滑雪场预定一般是上网预定占到65%~85%，电话预定占到10%。

（二）瑞士

1. 概况

瑞士是欧洲乃至世界冰雪运动的主要国家。登山和滑雪是瑞士旅游业的首批项目。瑞士加强了山地铁路、公路、山地缆车等体育旅游基础设施建设。旅游设施的完善加速了登山滑雪旅游的快速发展，并逐渐成为瑞士旅游业、冰雪产业发展的重要支柱。

瑞士的国土面积只有4万多平方千米，阿尔卑斯山地约占瑞士60%的国土面积。瑞士拥有海拔在4000m以上的高山48座，全国一半以上国土的海拔超过1200m，冬季的日平均气温都在0℃左右，雪线高度始于海拔2500m，1800多个天然冰川满足四季滑雪需求，滑雪期可达10个月。最著名的滑雪旅游地区就是阿尔卑斯山区，其旅游收入占瑞士旅游收入的60%。瑞士滑雪旅游区，每年接待外国游客1500万人次，产值70亿瑞士法郎左右。

瑞士是滑雪天堂，名副其实的冰雪王国，是欧洲乃至世界冰雪运动中心。瑞士滑雪胜地众多：阿德尔博登 – 弗鲁蒂根（Adelboden–Frutigen）——雪乡田园；采尔马特（Zermatt）——空气最纯净的滑雪天堂；克朗 – 蒙大拿（Crans-Montana）——沐浴在阳光里；萨姆瑙恩（Samnaun）——坐在风上的日子；达沃斯（Davos）——先登山后滑雪；格施塔德（Gstaad）——偶遇名人的滑雪区；恩加丁 – 圣莫里茨（Engadin–Sankt Moritz）——宠儿的摇篮；等等。

瑞士有4000多名专业的滑雪教练为游客进行全程指导。每个滑雪场均设有一所学校，每日或每周推出个人或团体课程。

采尔马特滑雪大区位于瑞士与意大利交界处的马特峰（Matterhorn）山脚下，被38座4000m以上的高山环绕着，被认为是瑞士最好的甚至世界最好的滑雪大区。全区大小缆车103部，高山火车路线2条，风景迷人的高山雪道长300km，雪道垂直落差达2300m，全年365天皆可滑雪。这里被称为瑞士空气最纯净的地方，为了维持这里洁净的空气，采尔马特不准燃煤（油）的车辆进入。形体轻巧的电动车、马车与脚踏车是这里主要的载运工具。著名的冰川列车（Glacier Express）就是从采尔马特发车，向东穿行阿尔卑斯山区，直达圣莫里茨。这一路上峡谷冰川，风光无限。在采尔马特滑雪的目的不是挑战高山险峰，而是欣赏阿尔卑斯山麓的清新与瑰丽，森林、山谷、溪流与小镇，宛若裙裾一般围绕着晶莹的雪山，让人心情舒畅。

2. 主要特点

（1）重视规划，科学管理，有序发展

瑞士滑雪旅游在 19 世纪 40—50 年代走过一些弯路，大肆兴建新滑雪度假区但缺乏科学的规划，各个滑雪度假区之间无序竞争，几乎摧毁了瑞士滑雪旅游的正常发展。1893 年，瑞士滑雪协会成立，并与瑞士旅游局一起，规范滑雪度假区，加强对滑雪场的总体规划与管理，进行合理规划开发，推出包括"Families Welcome"等在内的多项管理认证，并形成一套完善的体系，最终各司其职，共同盈利。

目前，瑞士共有 18 个滑雪胜地获得过"Families Welcome"品质标志。多项管理认证为提升瑞士滑雪旅游产业的整体服务品质打下了坚实的基础。对于滑雪场的管理还包括公共交通建设，在一些大型的滑雪胜地，滑雪场甚至在瑞士滑雪协会的建议下与当地政府合作，投资该地区的公共交通建设，从而减少前来滑雪的游客的汽车使用量。

（2）滑雪旅游产业与会展经济相结合

利用滑雪胜地举办大型论坛。达沃斯是每年的世界经济论坛会址，其将欧洲滑雪胜地的优势与一年一度的世界经济论坛（1987 年前称为欧洲管理论坛）有机结合，进而名利双收。世界经济论坛年会每年 1 月底至 2 月初在达沃斯小镇召开，故也称达沃斯论坛，达沃斯小镇也因此闻名遐迩，每年吸引 70 万游客。

（3）重视滑雪旅游产业延伸

瑞士始终致力于合理、有效地开发利用滑雪旅游资源，不断地延伸、拓展滑雪旅游产业，使其逐步发展为带动其他旅游产业、相关产业的发动机。瑞士的巧克力、钟表、军刀世界闻名，是前往瑞士滑雪的游客必购的礼品。瑞士滑雪旅游产业发展的同时也带动了这些产业的发展。

（三）俄罗斯

俄罗斯的滑雪旅游已较为成熟。自 20 世纪 50 年代，俄罗斯滑雪运动与旅游相结合，进行扩张和发展。至 21 世纪初，滑雪与旅游的融合向多元化发展并趋于成熟，衍生出"冰雪旅游"。自 2012 年以来，俄罗斯滑雪场数量显著增加，外来游客数与本土滑雪者人次稳步上升。2014 上半年索契冬奥会的举办进一步推广了俄罗斯冰雪文化。此外，跨境旅游的增加，进一步释放了俄罗斯滑雪旅游资源的开发需求。汲取俄罗斯滑雪旅游产业的发展经验，对完善我国滑雪旅游产业基础设施建设，科学有序地规划中国滑雪旅游产业发展路线有重要的指导意义。

目前，俄罗斯有 50 多个滑雪旅游中心，除此之外，还有 300 多个可以进行滑雪运动的旅游中心，这些旅游中心位于莫斯科近郊、列宁格勒州、卡累利阿、斯维尔德洛夫斯克州、阿尔泰边疆区等地方，这些地方由于自然条件和财政预算的局限性，冰雪旅游的开展并不是很完善。因为滑雪运动受自然条件的影响和限制较大，对降雪、山地的高度、山坡是否适合滑雪、植被特点、自然景观特点等都有一定的要求，因此，俄罗斯的滑雪场和冰雪旅游度假村主要集中在高加索地区，这儿有着适合滑雪运动开展的自然条件。就目前来言，在俄罗斯，由于索契冬奥会的举办，索契已经一跃成为俄罗斯最受欢迎的滑雪胜地，俄罗斯最大的冰雪旅游客流量就来自索契，加上俄罗斯总统普京也多次前往索契滑雪，所以索契的名气很大。

目前，俄罗斯共约有 370 家滑雪度假村，滑雪场的数量更是无法统计，因为在俄罗斯，不仅仅是旅游中心会有滑雪场，体育馆、大学、中小学都会设有滑雪场，也就是说，在俄罗斯，滑雪是一项普通的大众运动，基本每个人都会简单的滑雪技巧。从客源市场来看，根据俄罗斯旅游局的统计数据，俄罗斯 80% 的滑雪游客是本国游客，外国游客只占 20%，外国游客主要来自东北亚的日本、韩国、中国以及一些东欧国家。从这项数据可以看出，俄罗斯的冰雪旅游在吸引外国游客方面，实力还比较弱。

冰雪旅游市场，显而易见，冰雪旅游就是商品，冰雪旅游的买方就是游客，也就是消费者，但是冰雪旅游的消费者并不是单一的享受冰雪运动和观赏服务，大部分游客还需要周边服务，如酒店、交通等，从而引出冰雪旅游的卖方，也就是提供服务的各个供应商。

（四）美国和加拿大

1. 概况

美国的滑雪场主要集中在美国和加拿大的交界地带及阿拉斯加山区（Alaska Range）、落基山区，加拿大的滑雪场则主要集中在落基山区。

2. 主要特点

（1）以明星滑雪场为主导，并购整合周围其他滑雪场

要取得市场成功，一般应遵循"景点—景区—旅游区"的发展路径，先做节点，再做线路，最后做整体。

在北美地区，滑雪旅游区以明星滑雪场为主导，并购整合周围其他滑雪场，重组打包上市。例如，美国韦尔（Vail）滑雪胜地就整合了周边相近的六家滑雪场，在美国纽约证券交易所（New York Stock Exchange，NYSE）上市；加拿大的惠斯勒（Whistler）滑雪场同时在加拿大和美国挂牌上市，并对滑雪场度假区投资结构进行社会分工，对投资项目进行市场分解。

（2）以大型滑雪度假区形式存在，滑雪场各行业独立

北美地区滑雪基地以大型滑雪度假区形式存在，同时围绕滑雪度假区大力发展房地产，增加经济效益。

（3）与民俗文化相容，相互促进发展

韦尔滑雪场每年都会举办盛大的街头音乐会，有很多知名音乐家上台献艺，表演内容丰富，这一方面增加了滑雪场的吸引力，把游客留在滑雪场，另一方面也带动了滑雪场的发展。

（4）滑雪装备产业发达

美国的冬季体育用品名牌如 K2、SPYDER、BURTON 等滑雪装备、滑雪器材的年销售额高达 3.5 亿美元。

（5）积极发展各种以滑雪为主题的民间组织

目前，美国国家滑雪联合会是美国最大的民间滑雪组织，在国际滑雪界有非常高的知名度和权威性，曾多次组织大型滑雪赛事。

（五）日本和韩国

1. 日本

（1）概况

2002 年，《日本滑雪指南》提供了 619 家滑雪度假区，其中，562 家可以接待过夜游客，76 家滑雪度假区专门经营越野滑雪。如表 1-3-2 所示，大部分滑雪度假区都位于长野、北海道和新潟地区。

表 1-3-2　日本滑雪度假区及其分布　单位：个

地区	滑雪度假区数量	可寄宿的滑雪度假区数量	越野滑雪度假区数量
爱知	1	1	12
秋田	24	24	1
青森	15	15	2
千叶	1	1	0
爱媛	2	2	0
福井	10	9	1
福岛	29	26	5
岐阜	40	38	2
群马	31	27	2
广岛	18	16	1
北海道	128	121	12
小高	20	19	2
茨城	1	1	0
石川	10	8	1
岩手	19	18	5
神奈川	1	1	0
京都	3	3	0
三重	1	1	0
宫城	12	12	1
宫崎	1	0	0
长野	103	93	14
奈良	1	0	0
新潟	63	58	9
冈山	6	0	0
佐贺	1	1	0
埼玉	2	2	0

续表

地区	滑雪度假区数量	可寄宿的滑雪度假区数量	越野滑雪度假区数量
滋贺	10	10	0
岛根	5	1	0
静冈	3	3	0
栃木	9	7	1
鸟取	7	5	0
富山	16	15	2
山形	23	21	3
山梨	3	3	0
总计	619	562	76

（2）主要特点

①世界第二大滑雪旅游产业国

日本滑雪旅游产业于20世纪60年代起步，80年代快速发展，90年代发展平稳略下降，21世纪形成完善的滑雪旅游产业体系。目前，日本是世界第二大滑雪旅游产业国，是亚洲滑雪旅游产业代表性国家之一。日本于1972年和1998年举办了两届冬季奥运会。

②世界上滑雪场最多的国家，分布集中

日本四面环海，面临日本海的一侧冬季降雪丰厚、气候湿润，造就了那里得天独厚的优良天然滑雪场。日本国土细长，纵贯亚热带、温带和寒带3个气候带，滑雪场分布是典型的一头重格局，最好的滑雪休闲地主要分布在日本北部地区（北海道和东北）以及沿日本海的山区（包括新潟和长野），这两个地区的滑雪场大约占日本滑雪场总数的2/3。

③休闲和制造基地分开，产业集聚

日本的滑雪度假区和滑雪用品制造基地分开发展，滑雪旅游产业集聚区的生产组织、制造组织主要分布于中部地带，如长野、奈良之间。日本的冰雪装备制造业已经跻身世界一流。

④成熟的温泉滑雪胜地，质优价廉

日本高水准的滑雪场数目繁多，大多数滑雪场都在11—12月开始运营，滑雪期一般到次年的3—5月结束，略有差异。滑雪场大多位于平均气温在 –5℃ ~5℃

的地区，北海道等地隆冬季节气温会降到 −10℃。日本许多滑雪区域同时也是温泉胜地，从而形成日本特有的日本式冬季旅游：滑雪与温泉放松结合在一起。

来自西伯利亚和堪察加半岛的刺骨寒风与日本海的潮湿空气相遇，造就了北海道的粉雪。粉雪、低廉的价格、舒适的气候、民族特色等是日本滑雪场吸引国外滑雪爱好者的主要因素。北海道、长野的白马是日本最有代表性的滑雪地区；东北的藏王、长野的野泽、滋贺的草津，并称三大温泉滑雪场，是最具日本传统风格的温泉滑雪地区。

几乎每个日本滑雪场都有独特的温泉或菜系，雪场各种经营活动与日本传统文化的有机结合已经成为日本滑雪场整体的特色表现；每个滑雪场都会关注儿童服务，有针对性地提供单独的儿童雪场、魔毯和儿童主题乐园。而建有室内外娱乐场地的雪场还会配备专属的儿童游乐设施，如儿童攀岩墙、滑梯、儿童餐厅、幼儿读书区等，深受以家庭为单位的消费群体欢迎；住宿中针对消费者需求提供别墅、小木屋、酒店、民宿、青年旅社等多样化的选择；在已有经营项目的基础上提供森林雪地徒步活动，这种穿上特制雪鞋的雪地行走能够让滑雪者额外感受到原始森林的魅力，相应雪道旁边会配置各种风格的餐厅、咖啡厅和酒吧等；此外，因日本生态旅游本身非常流行，相应很多雪场在非雪季都开展了采摘、登山、徒步、骑马、露营等活动，也有雪场依托周边生态景观形成联合宣传，以增强雪场的运营吸引力。丰富多彩的体验项目将滑雪场打造成为旅游度假的胜地，成为大量亚洲乃至世界滑雪爱好者的度假首选。

2. 韩国

（1）概况

韩国的山地和高原占国土面积的 70%，太白山脉由北向南延伸，与东海岸平行。韩国属于温带季风性气候。

韩国高原、山地多，海拔高，面积较大，积雪量丰富，开展滑雪运动的地理条件优越。韩国滑雪场主要分布于江原道、京畿道、忠清北道和全罗北道等。江原道是韩国滑雪胜地之一，有 9 家滑雪度假村正在运营，距离首尔有 2~4 小时的行车距离。这些都是具备豪华住宿设施、休闲设施等的住宿型滑雪场，且大部分都具备国际标准的雪道、滑雪场设施与服务水平。例如，龙平滑雪度假村、凤凰公园滑雪度假村、现代星宇滑雪度假村、大明维尔瓦第公园、High1 滑雪度假村等。城市附近的近距离型滑雪场都属于距离较近的、当日往返的、规模较小的滑雪场。这些滑雪场大部分都在城市附近，可以 1 小时之内到达，交通方便，晚上还可以开展夜间滑雪。例如，熊城滑雪场、芝山滑雪场、星山滑雪场、阳智松林滑雪场、首尔度假村滑雪场等。目前，韩国滑雪场收益最好的是大明维尔瓦第公园，获得政府支持并与政府建立良好关系的是凤凰公园滑雪度假村，韩国最大的滑雪场是龙平滑雪度假村。龙平滑雪度假村不管是规模、雪场海拔、高度或是专业雪道长度和质量，皆是韩国第一。

韩国各大滑雪场现状如表 1-3-3 和表 1-3-4 所示。

表 1-3-3　按距离分类的韩国滑雪场

区分	滑雪场	特点
远距离型	龙平滑雪度假村、茂朱度假村、现代星宇滑雪度假村、凤凰公园滑雪度假村、阿尔卑西亚滑雪度假村、江村度假村、High1 滑雪度假村、大明维尔瓦第公园、思潮度假村、奥丽山庄度假村、O2 度假村、伊甸园山谷度假村	规模较大、设施和设备完备；豪华型住宅设施和多彩丰富的休闲设施；投资规模较大（以大企业为主）；距离首尔 1.5~4 小时的车程；地域：江原道、忠清北道、全罗北道
近距离型	熊城滑雪场、芝山滑雪场、阳智松林滑雪场、星山滑雪场、昆池岩度假村	距离优势、小规模经营；以一日滑雪者为主；距离首尔 1 小时左右的车程；地域：首都附近、京畿道

表 1-3-4　2010 年韩国各大滑雪场状况

地区		滑雪场名称	始营业年度	面积 /m²	缆车数 /个	滑雪情况	
						滑雪人数 /人次	增长率 /%
京畿道	广州市	昆池岩度假村	2005	1341179	12	432148	12.7
	抱川市	熊城滑雪场	1985	698181	7	353510	16.7
	南杨州市	星山滑雪场	1982	502361	4	64298	-3.6
	龙仁市	阳智松林滑雪场	1982	368638	8	225176	-3.6
	利川市	芝山滑雪场	1996	347785	7	492414	-27.6
江原道	春川市	江村度假村	2002	609674	10	301886	10.2
	洪川郡	大明维尔瓦第公园	1993	1322380	12	829815	8.4
	平昌郡	阿尔卑西亚度假村	2009	470710	6	-	-

续表

地区		滑雪场名称	始营业年度	面积/m²	缆车数/个	滑雪情况	
						滑雪人数/人次	增长率/%
江原道	原州市	奥丽山庄度假村	2006	797659	9	526520	22.1
	太白市	O2 度假村	2001	4799000	16	106657	23.5
	平昌郡	龙平滑雪度假村	1975	3436877	29	528373	−1.1
	旌善郡	Highl 滑雪度假村	2006	4991751	18	674571	1.7
	横城郡	现代星字滑雪度假村	1995	1210019	19	504520	7.1
	平昌郡	凤凰公园滑雪度假村	1955	1637783	21	672834	−5.2
忠清北道	忠州市	思潮度假村	1990	547225	9	46012	13.3
全罗北道	茂朱郡	茂朱度假村	1990	4037600	34	607379	−6.8
庆尚南道	梁山市	伊甸园山谷度假村	2007	1052012	7	207416	0.7
总计		17 家		28170834	228	6636529	1.1

资料来源：韩国滑雪场经营协会，时间：2009 年 11 月—2010 年 4 月

2000 年以后，特别是 2003 年韩国政府颁布的劳动法规定每周工作时间不得超过 40 小时以后，人们不仅收入增加，闲暇时间也增多了（表 1-3-5），于是各种休闲运动也得到了进一步发展。由于滑雪运动已经深入人心，滑雪人数不断增加，滑雪旅游产业也进入快速发展阶段。由于游客的不断增加和滑雪休闲时间的不断延长，游客不再热衷当天往返的滑雪运动，而是更偏向两天一夜、三天两夜的滑雪休闲假期，相应的住宿问题被提上了日程。为了迎合市场的需要，各大滑雪度假村在酒店建设之外，开始了公寓房的建设和公寓房使用权的出售。

表 1-3-5　1975−2009 年韩国经济发展水平与国民工作现状

年份	月平均上班天数/天	周平均工作时间/小时	GDP/亿美元
1975	25.3	50	217.05
1980	24.6	51.6	649.81
1985	24.7	51.9	1002.73

续表

年份	月平均上班天数 / 天	周平均工作时间 / 小时	GDP/ 亿美元
1990	24.7	48.2	2793.49
1995	24.6	47.8	5561.31
1999	24.5	47.9	4852.48
2000	24.6	47.5	5616.33
2001	24.3	47	5330.52
2002	24	46.2	6090.2
2003	23.8	45.9	6805.21
2005	23.2	45	8981.37
2009	21.2	40.1	9019.35

数据来源：韩国统计厅韩国统计厅

2010 年，韩国具备一定规模的滑雪场共有 17 家（韩国滑雪场经营协会，2010 年 8 月），其中有 5~6 家由韩国的大企业集团持股运营。由于地理气候等原因，韩国一半以上的滑雪场集中在江原道。韩国滑雪场无论规模还是数量都与欧美国家滑雪场有一定差距。韩国滑雪场里运送滑雪游客的相关设施都是进口的，但一般的索道、度假小屋、公寓住房等设施比较完备。

（2）主要特点

①以综合性度假村为主，注重四季度假天堂的品牌建设

面对受季节变化影响较大的滑雪场地，韩国与场地周边度假村酒店联合经营，提出"四季体育旅游"的创新理念。同时，尝试以"冬奥会体育设施场馆和旅游景点"等有形遗产的再利用和以"传统冰雪体育文化、庆典活动开展"等无形遗产的传承与保护的方式，实现冬奥会场馆非季节性的价值体现。例如，韩国 1975 年建立的龙平滑雪度假村，充分考虑与利用"海拔 700m 至 1500m"这样一种最适宜人类生存的高度与环境，依托白头大干山和江陵大海周边的地理优势，开发出多种多样的旅游文化项目。作为全球顾客满意度第一的滑雪场，龙平度假村滑雪场不仅制定了促进大学生四季滑雪需求的营销战略，还对旅行时间、滑雪品种、滑雪设备租赁方式做了季节性市场细分。有些滑雪场为满足滑雪爱好者一年四季皆可滑雪的愿望，铺设了利用特殊强化白色塑料制成的滑雪斜坡并对滑道进行了

难度等级区分。有些雪场还提供和开发了"夜间滑雪"的运动文化。

此外，韩国滑雪运动文化的创新品质当属"滑雪运动文化生态"。作为人与文化及文化之间交互作用所形成的"生成智慧"，韩国滑雪运动文化生态强调"边建设、边修复"的思路，以保持滑雪场地的生态环境。这种滑雪运动文化的宣讲"社区"，兼顾着文化遗产与自然遗产的保护理念，正如国际博物馆协会秘书长乔治·亨利·里维埃（Georges Henri Rivere）所提出的"生态博物馆"概念那样，顺应了当前将文化遗产解释权回归人民的呼声。

②多种开发模式并举，快速发展

韩国滑雪旅游产业从 20 世纪 70 年代正式起步，政府主导、企业市场化运作和政企合作等多种开发建设模式并举，发展至今已成为韩国冬季旅游支柱产业。韩国国土面积约 10 万 km²，而江原道土地面积仅仅为 16873.73km²，在这一小片土地上就有 9 家具有一定规模和游客的滑雪度假村。

③滑雪运动的大众普及程度高

韩国人热爱体育运动，尤其喜爱足球、棒球和滑雪。滑雪场里可看到小学班级的团体滑雪、父母带着孩子的亲子滑雪、大学社团的滑雪运动、公司组织的滑雪运动等。滑雪运动不仅年轻人和孩子参加，很多中年人和六七十岁的老人也热情参与。很多人是连续滑雪 20~30 年的忠实爱好者，他们还带动自己的家人参与滑雪运动。大学生冬季体育滑雪课程普及、社团活动地多选择在滑雪度假村等，也都促进了滑雪运动在大众中的普及。

④滑雪旅游产业发展与各种赛事相结合

滑雪场建设发展与各种赛事承办紧密相关。茂朱滑雪度假村于 1997 年成功举办世界大学生冬季运动会，龙平滑雪场于 1998 年和 2000 年成功举办国际雪联高山滑雪世界杯。1999 年亚洲冬季运动会后韩国滑雪旅游产业闻名世界，大批本国游客和外国游客慕名而来。

⑤酒店式公寓大量建设和出售

随着旅游习惯的改变，人们来度假村旅游的时间延长，各种住宿酒店以及产权房的建设逐渐兴起。在开发这些房地产产品的同时，度假村还可以回收资金并将其作为流动资金用于其他事业开发。若游客购买了某一度假村的公寓，滑雪季到来的时候，与去其他滑雪场旅游的消费比起来，游客更倾向于带着家人、朋友来该滑雪场旅游，房地产产品为度假村稳定了客源。2002 年大明维尔瓦第公园的综合收入大约为 3000 亿韩元，其中主要收入是房地产收入。

⑥以家庭为单位的动线消费设计

韩国家庭一般有两个孩子，而且韩国家庭在度假的时候经常是全家总动员，住在滑雪度假区的酒店式公寓。公寓内准备着各种厨具，于是游客的消费习惯又从最初的外食转回到了家中烹饪，在滑雪运动之余，全家人又能聚到一起品尝可心的自家饭菜，其乐融融。韩国很多家庭出门度假，经常是老人、孩子、年轻父母一起，年龄太小不能滑雪的孩子有专门的托管部门照看，孩子在儿童乐园里也有专人照看，家长可以尽情地去户外滑雪。大明维尔瓦第公园是韩国至今盈利最高的滑雪度假村，那里不仅具有较全面的滑雪设施、室内外水上乐园，还有各种适合家长、孩子的游乐设施，家长和孩子可以一同尽情享乐。

⑦以人为本，安全第一

冬季，在平均海拔 700m 的江原道，滑雪场的气温最低仅零下十几摄氏度，因此，可以节省空间在户外设立接待问询台。户外接待问询台旁边设有美观大方的取暖设施，为工作人员提供了舒适的工作环境，也让前来问询的游客感到温暖。韩国滑雪场的周边有长板凳，为游客临时换鞋和短暂休息提供了便利。韩国滑雪场在雪道周围的安全防护措施方面比中国很多中小型滑雪场的设计更为周全，防护网范围设置更加人性化，提高了游客的安全保障。位于江原道清净之地的 High 1 滑雪度假村拥有能举办国际雪联高山滑雪世界杯的两条赛道以及能举办残疾人滑雪世界杯赛的场地。

⑧减员增效，旺季雇佣短期工

韩国的劳动力成本较高，为了实现企业营利的目的，滑雪场正式职员并没有很多，雪具大厅中，配餐和用过的餐具基本是由自动化设备传送，用工少、送餐快又不拥挤。到了旺季，滑雪场为了解决人力不足的问题，会招聘一些大学生作为短期工。既节省了固定开支，又解决了人力短缺问题。但是，大学生并未受过专业的服务人员培训和滑雪场专业知识教育，即使上岗之前经过短期培训，仍会影响一些服务的质量。

第四节　我国体育旅游产业发展概况

改革开放以来，我国的社会经济获得了快速的发展，社会大众的收入水平相比过去有了较大提升，人们开始注重休闲的消费，这在很大程度上促进了体育产业的发展。另外科学技术和信息技术的不断发展使生产效率获得了大幅提升，人们有了空余的时间去旅游消费，体育产业也因此迎来了重大发展机遇。

一、体育旅游产业

（一）相关概念

1. 体育产业

体育产业的概念在体育界一直没有确定的结论，存在广泛的争议。很多人认为，有很多可以提供体育相关的服务能够生产与体育相关的不同种类的产品的行业都可以称之为体育产业。体育产业作为一个国民经济的重要组成部分，在很多特征上与其他很多产业相似，相同部分是其同样把经济收益作为一个基础，不同部分是，它还把提高国民的整体身体素质、提升社会积极性、振奋民族不屈不挠的精神，从而实现整体社会的素质的全面提升。体育产业不仅仅是狭义的体育本体产业，还包括和体育相关的周边经济。而体育本体产业包含两个方面，一个是体育竞技产业，另一个就是大众健身产业；体育外围产业有一系列完整的产业链，其中包括小到体育用品，大到体育建筑，还包括和体育有关的广告和保险等产业等。全球的体育产业在不同国家和地区发展多年，发展的不平衡使得体育产业的定义不尽相同，使得不同领域对体育产业的理解并不一致。以下是关于体育产业定义的三类观点。

（1）第一类观点：体育产业是一种服务经济

此种看法将体育产业当作服务业的一部分，和体育相关的工作人员向社会大众提供各种不同类型的和体育有关的服务，把这种类型的服务叫作体育服务业。早在20世纪80年代制定的《国民生产总值计算方案》中，体育产业就已经包含体育服务业。2003年，体育产业仍被国家统计局列为第三产业。但就目前来说，体育产业已经不能再单纯地看成服务产业。西方国家在统计体育产业产值时，统计了体育用品和体育服务两个部分，这不同于我国。因此这样一个紧跟时代潮流不断创新的产业，不应该单纯地被束缚在一个框架中。

（2）第二类观点：体育产业作为体育事业的一部分，可以看重经济效益

体育产业是指市场规模达到一定程度的体育竞技，例如篮球、足球等。体育事业指的则是在市场上还尚未达到一定规模的体育经济，例如游泳、马拉松等运动。因为目前人们对于某些体育竞技的需求不高，参与度低，以及政府引导市民参与到体育运动的号召力不强，因而市场中并不是包含所有的体育竞技。由此可

见，市场中是否包含并不能区分体育产业的标准。

（3）第三类观点：体育事业论，很多人认为体育产业或者事业其实就是一种东西的不同说法

但体育事业并不是以经济效益为目的。而产业则不是，产业的根本目的就是为了盈利。由此可见，事业和产业是两个完全相反的概念，所以这种将体育产业看作体育事业的观点并没有理论支撑。

以上观点是对什么是体育产业进行的阐述，在一定理论基础上进行的定义，其定义来自不同的视角和思维模式。这不仅为我们的体育产业发展提供了思路，也能促使我们对其进行积极的思考。因此，在社会主义市场经济下能够运转的体育事业即是体育产业，即体育产业与体育事业之间的关系是一个交集，相交而不完全相等。

2. 体育旅游产业

体育旅游是一种特殊的旅游产业，它是与体育相联系的旅游产业，在体育中蓬勃发展。体育旅游是旅游业迅速崛起而产生的一种新产品，其成为当前社会关注的焦点。体育界的一些学者认为，体育旅游就是为游客提供体育锻炼，以举办体育赛事等形式提供服务的旅游业。。此外，也有学者认为，体育旅游是利用多种体育活动来满足旅游消费者的需求，以达到旅游目的，以让旅游消费者得到身心愉悦的产业。其为游客身心的和谐发展提供助力，可以说是物质文明走向精神文明的一种方式和途径，是生活的附属品，也是一种文化社会的产物。虽然不同学术界不同学者对体育旅游有不同的看法，但都可以用一句话概括：体育旅游产业是一个以旅游消费者需求为基础的产业。为游客服务，满足需求毫无疑问，游客的各种体育需求是体育与旅游业的结合。

（二）体育旅游产业特征

1. 公众性

体育旅游产业指的是旅游产业和体育产业相融合后出现的，能够对旅游产业的发展趋势和客源市场相适用，让其成为一种引领潮流的公众性活动，参与其中的人员能够获得体育和旅游两种体验。根据相关数据表明，前几年世界范围内旅游人数在不断提升，如全球 2017 年共有 118.8 亿次的旅游人数，相对比全球总人口，为其 1.6 倍之多。面对庞大的市场和客源，体育旅游产业应该以人们的实际需求为出发点，对这种产业的公众性进行研究，了解其中的内在含义，把这种公共活动向公众大力推介，让其对体育旅游有直观的认识和了解，以便于更好地促进旅游体育产业的发展。

2. 适应性

目前，人们需求多元化的旅游形式，仅仅对山水风光进行欣赏的旅游形式，已经不能满足人们的旅游需求，纵观旅游产业之中，出现了越来越多的体验型的旅游项目，根据相关研究表明，休闲旅游占据 2017 年旅游收入的 77%，旅游者对休闲体验的需求得到不断满足。体育旅游产业可有效地整合当地自然资源、风俗文化及社会资源，而推出更多具有区域特色的产品和服务，不仅可以让景区的吸引力进一步提升，还会确保旅游人员的多样化需求得到满足，这对体育和旅游产业的科学发展具有很好的促进作用。

3. 集群性

和其他行业相比，体育旅游产业发展过程中需要产业集群的联系和帮助，除了提供旅游物质产品，我们还可以结合大型体育比赛，对体育赛事旅游进行发展，我们还可以很好地利用文化资源和地方自然资源，让游客在观赏体育赛事的时候还能够进行健身娱乐活动，形成体育旅游产业集群。这种产业不仅可以把自身的价值产业链进一步的拓宽，还能够进一步发展自身产业，确保旅游产业的覆盖面进一步加大，不断提升和延伸旅游产业链。

4. 体验性

和旅游活动或者体育活动相比，这种产业对顾客的直观体验更加重视，要是我们在景区中加入健康小道、中途休息等活动，不仅能让旅游人员体验徒步的快感，还能够欣赏到山间风光，我们还可以对其他旅游载体进行运用，让游客的体验感和参与感大大地增加。在少数民族区域之中，我们还可以开发出更多和民族特色相关的体育活动，加入其中的民族性，通过这些活动的参与，游客的新鲜感不断提升，对区域内的民族文化活动会更加了解。

5. 可持续性

绿色、可重复性是体育旅游产业的生态特征，因此我们也可以把体育旅游定位为绿色环保的运动主题旅游，但是我们应该合理地开发和利用自然资源，在旅游体验中增加更多的绿色低碳形式，很好地协调环境保护和区域经济发展之间的关系，破解两者之间的矛盾，这对旅游资源的可持续发展有很大的促进作用，实现人与自然的和谐相处，共同发展。

二、我国体育与旅游产业融合发展情况

（一）体育与旅游产业融合发展的动力

1. 角色的高位定位

体育产业与健康旅游产业有着共同的发展理念和产业地位。我国体育产业虽然起步晚，但在全民健身、全民健康及健康中国战略布局下，拥有着巨大的发展潜力。随着人们生活水平的不断提高，旅游产业以"引领"全民旅游热潮的姿态领跑中国幸福产业。随着全民旅游的不断纵深发展，人们从过去单纯的观光旅游逐渐向体验式、健康式旅游转变。随着我国逐步进入老龄化社会，社会经济高速发展下的"社会病"也不断出现，人们将越来越关注健康生活。体育产业与健康旅游产业均是幸福产业中的重要一环，两者的融合发展对国民经济的发展与人民生活的幸福感有着深远的影响。

2. 科技的高度结合

（1）科技的发展创新了体育产业的表现形式

互联网、物联网、机器人、AR（增强现实）、VR（虚拟现实）等现代信息技术在休闲体育服务领域的应用，推进了体育产业在内容、形式、手段等方面的创新。互联网改变了体育内容的传播方式，线上线下结合的休闲体育方式不断涌现，将人和体育紧密结合在一起。

（2）科技的发展刺激了健康旅游产业的多样化需求

旅游管理信息化和旅游装备科技化为游客在旅游的前、中、后各阶段带来了便捷。游客可以借助便携的网络终端，及时了解健康旅游目的地的旅游资源、健康资源以及健康旅游活动等各方面的信息，随时调整和安排出行计划并进行反馈，极大地提高了旅游管理和旅游服务效率。

3. 需求的高速发展

随着经济的不断发展，人民生活水平的不断提高，以及人们对健康生活、美好生活的向往，大众消费已经逐渐向高要求、高质量及高品位转变。按照"十三五"相关规划，到 2020 年，我国旅游产业总收入达 7 万亿元，体育产业总规模超过 3 万亿元。《"健康中国 2030"规划纲要》提出："到 2030 年，健康产业规模显著扩大。建立起体系完整、结构优化的健康产业体系，形成一批具有较强创新能力和国际竞争力的大型企业，成为国民经济支柱性产业。"进一步说明我国体育产业与健康旅游产业体量大、需求旺盛，两者的融合发展既符合人们通过体育锻炼达到健康生活的目的，又能满足人们通过休闲旅游追求高品质生活的

需求。

（二）我国体育产业与旅游产业融合的现状

1. 发展概况

2014 年 10 月，国务院出台《关于加快发展体育产业促进体育消费的若干意见》，全民健身的内涵发生了深刻变化，要求不断开辟新的发展领域，为健康中国建设提供有力支撑。2016 年全国旅游工作会议报告指出，我国旅游要从景点旅游模式转向全域旅游模式。全域旅游于 2017 年首次写入政府工作报告，上升为国家战略。全民健身和全域旅游都已经上升为国家战略，形成了全民关注、社会参与的良好格局。从发展角度看，两者具有很好的互补性，全民健身是全域旅游最值得充分挖掘的内容资源，全域旅游是全民健身最好的发展载体和市场渠道。进入新时代，我国居民消费步入快速转型升级的重要阶段，用"全域旅游"对接"全民健身"、促进体育产业与旅游产业融合，对于缓解我国社会主要矛盾、提升人民幸福感具有重要意义。

全民健身与旅游休闲的发展推进了体育产业和旅游产业的跨界融合。体育旅游集观赏性和体验性于一体，不断释放积极市场信号。在政府红利、市场需求以及技术革新等外部动力和企业摆脱资源依赖、获取竞争优势等内部动力的驱动下，我国体育产业与旅游产业通过资源整合、产品复合、项目融合、市场延伸、功能升级、技术渗透等融合模式，产生了体育赛事旅游、运动休闲小镇、体育主题公园、体育节会旅游、民俗体育旅游、运动休闲度假区、高端体育运动俱乐部等多种新型业态。

根据世界旅游组织数据，全球体育旅游产业每年的增长速度约为 14%，是旅游市场中增长最快的分支。近年来，由于居民收入增长、生活方式转变、利好政策密集出台等原因，我国的体育旅游产业出现井喷式的增长。近两年我国体育旅游产业的年均速度增长为 30%~40%，体育旅游领域投资增速甚至高达 60% 以上，远远超过同期旅游行业 30% 左右的投资增速。

然而，从全球来看，体育旅游市场在全部旅游市场中的占比差异较大。中国体育旅游市场占比约 5%，而发达国家占比约 25%。因此，中国体育旅游仍处于起步阶段，尚有巨大的提升空间。通过对我国部分城市调研发现，虽然体育产业与旅游产业实现了初步的融合，但体育产业中旅游要素不突出，而旅游产业中体育元素的融入也不充分，产业联动不足，产业融合度偏低。究其原因，是由于在体育产业与旅游产业融合的过程中，仍存在着深层次的问题。

2. 市场现状评估

体育旅游在发达国家早已盛行，来自世界各地到英国进行高尔夫旅游的游客每年达几百万人次；德国组织自行车旅游的旅行社有 300 多家，美国人最喜欢到欧洲参加自行车旅游；日本是有名的体育旅游大户，到欧洲看足球，到美国看NBA，到世界各地看各种体育赛事；日本的相扑也吸引世界各地的游客。我国体育旅游业的发展非常迅速，每年以 30% 到 40% 的增长速度壮大，国家曾经把2001 年的中国旅游主题定为"中国旅游健身游"，举办了一些比较有影响的体育旅游项目，如内蒙古那达慕大会、泰山、华山的登山活动，环青海湖自行车挑战赛，长城—珠峰驾车探险远征，吉林长白山大峡谷漂流探险等。广西壮族自治区的体育旅游较"火"，其推出了以健身娱乐为目的的森林旅游、登山探险、山洞江河漂流、骑自行车旅游以及 150 个传统民族体育项目，吸引了大批国内外游客。

参与性体育旅游活动的游客参与度高，活动本身具有刺激性和挑战性，同时也带有一定的专业性和危险性，所以，要对游客进行专业训练。如攀岩、登山、漂流及其他探险活动等，游客在参与这些活动前必须经过专业人员的培训。游客参与非参与性体育旅游活动也需要专业人才做好安全保障。因此体育类院校应迎合市场需求，将体育竞技资源与管理资源有效整合，培养出适应体育旅游发展需要的专业人才。

（1）难以激发市场潜力

体育旅游产品层次低，缺乏专业体育旅游人才难以激发市场潜力。健康的体育旅游产品包括低频赛事、中频服务和高频健身。目前，我国体育旅游产品的开发因为专业人才严重缺乏，还停留在最低级的赛事阶段，不能很好地满足消费者的需求，无法激活市场潜力，开拓体育旅游市场。

（2）缺乏具有专业人才和专业化服务

体育旅游的发展，关键在于人才的培养，但目前，体育人才的培养还没跟上来，对于拓展、攀岩、滑雪、赛车等项目很少涉及，体育旅游专业人才十分紧缺，导致体育旅游服务水平难以提高，对体育旅游的发展是一个伤害。

（3）没有强吸引力的体育旅游品牌

缺乏高水平体育旅游专业人才，也就难以创造出有吸引力的体育旅游品牌。体育旅游的快速发展依赖于好的市场环境、具有优势的旅游资源和高端体育旅游人才。当前，体育旅游的发展最缺乏高端体育旅游人才来设计体育旅游品牌。由此可见，发展体育旅游面临的关键问题是怎么样吸引和培养体育旅游专业人才。只有拥有了高端体育旅游人才，才可以设计出高端体育旅游产品，提供高水平的专业化服务，激活旅游市场，把体育旅游发展到一个新的阶段。

（三）加强体育旅游产业融合发展的策略

1. 多元模式发展方面

（1）融合文化产业，促进体育旅游产业发展

文化是体育旅游的核心价值，具体体现在体育旅游引发人们对体育的热爱、对旅游景区的情感、对生态资源的留恋。融合文化产业，促进体育旅游产业的发展，我们可以从体育文化宣传和体育文化产品打造、生产推广等方面入手，做好体育旅游产业和文化产业模式的融合，促进体育旅游经济的整体快速发展。

例如，贵州省著名的松烟镇，被大家誉为"中国第一骑游小镇"，自 2008 年起，余庆县松烟镇已连续多年举办自行车赛，运动员矫健的身影在画廊般的比赛现场中穿梭，给当地赢得了"中国第一骑游小镇"的美誉。松烟镇位于贵州省遵义市东南角，与湄潭抄乐、凤冈琊川接壤，是余庆县对外联络的窗口，素有余庆"北大松烟镇门"之称。全镇方圆 136.8km²，森林覆盖率 50% 以上，城镇区域面积 2.5km²，全镇居民以茶园、优质稻米、烤烟为主要经济来源。2008 年 12 月，松烟镇被列为遵义市首批城乡一体化试验试点。

纵观中国第一骑游小镇的体育旅游经典路线，主要为二龙茶山骑游公园，此路段大约 5km，骑游公园中设有专业的骑游赛道、骑游广场、拉模会场、综合性茶叶加工企业、茶叶交易市场等，对此，松烟镇旅游景区机构和政府积极结合文化产业打造中国独具特色的"第一骑游小镇"。

首先，旅游景区在骑游路线设置上和茶文化巧妙地结合，将骑游路线设置在茶山公园内，沿途一带分别有三星、八大水库、72 泉等著名景区。游客从茶山公园出发，沿途可以欣赏到茶园的绿意葱葱；到达大松树三星带可以观看日出日落，领略生态湿地的美景；前行至八大水库，游客可以欣赏到神奇的怪石林，体验垂钓乐趣；最后，游客在抵达 72 泉处，可以欣赏到他山石刻的经典文化遗址，感受到堤柳拂面下的诗意情怀。其间，每一处景区都将体育文化和人文文化巧妙地结合在了一起，起点是茶山公园即茶文化，三星带即日出景观文化，八大水库即爱情文化，72 泉即石林文化，其在彰显当地独有的景观和人文文化同时，不忘结合骑游体育活动，来提高人们对体育的热爱之情。

其次，全程骑游文化中都离不开松烟镇最著名的文化茶文化。沿途景区，我们随处可见大小的茶馆和休息体验区，茶民们将茶文化体现得淋漓尽致，不仅有茶艺表演还有琳琅满目的茶品和茶具，游客在一品当地的绿茗同时都会不自觉地

选上两包茶叶带回家。

（2）融合节假日及体育赛事，打造体育旅游体验平台

节假日是旅游景区展示旅游特色的最佳时机，通过节假日的传统习俗和歌舞表演能让游客更加直接地了解到当地的民俗文化和风土人情，因此促进体育旅游的发展，我们也可以融合节假日元素进一步促进各地的旅游经济发展，提高当地文化的对外宣传。例如，中国第一骑游小镇松烟镇的体育旅游，也是融合了节假日对当地的体育旅游特色进行宣传并打造了一系列的优质服务体育旅游体验平台。自 2008 年以来，遵义市政府联合松烟镇景区举办了 6 次自行车挑战赛，分别打造了环湖赛道、茶山赛道、文化骑行赛道、乡村骑行赛道、集镇赛道等"五大赛道"，每年骑行的自行车竞赛都吸引了来自各省的自行车爱好参赛者，现场接待游客均在 3.5 万人次以上，其赛事关注度已经走出贵州，面向全国乃至全世界，可见松烟镇体育旅游的知名度。同时，关于骑游体育旅游平台的打造，松烟镇相关旅游机构也是加大投入力度和资金，不断完善当地的多元产业体验平台。随着体育赛事的知名度提高和体育旅游产业的日趋完善，各大赛道周边地区的近郊旅游也随之兴起，各色的小吃餐饮体验、骑行体验、茶艺体验等逐渐规模化、完善化，将松烟镇本地的资源优势和文化旅游、体育旅游完美地融合在一起，使得游客在感受当地的美景同时可以体验到松烟镇人民的热情好客和优质的服务，同时通过亲身的文化体验和生活体验对中国第一骑游小镇有着别样的留恋和回忆。

针对上述体验平台打造思路，我们要注意做好以下几点：

第一，确保体育赛事或节假日和体育旅游的文化融合性，切不可过度解读其中之一。

第二，要充分运用好体育赛事和节假日优势，将地区特色资源和文化充分地进行展示和传播。

第三，融合歌舞表演等娱乐性项目演出，从感官等娱乐角度激发消费者的体验兴趣和旅游愉悦感。

第四，针对节假日衍生的民宿、景区观光、特色餐饮等，务必做好各产业之间的高度融合和优质服务，打造好具有优质服务、高口碑的旅游体验平台，让消费者觉得物有所值。

（3）融合"互联网+"，促进体育旅游产业的宣传和引资

体育旅游产业的可持续发展离不开人们对旅游景区的环境保护和对现有体育产业的二次开发和拓展，因此我们在原有的基础上一定要做好体育旅游平台的长

期发展规划和宣传，保证其发展的可持续性和长远性。在信息技术快速发展的今日，任何产业要想长期稳定的可持续发展，都离不开信息技术的介入和应用，旅游产业也不例外，所以，我们也应积极扭转战略方针，融合"互联网＋"，做好旅游的文化宣传和对外引资。仍以松烟镇为例，松烟镇的骑行自行车竞赛在中国的体育旅游中堪称模范，其成功之处并不在于偶然的机遇，而在于当地政府对旅游资源的充分利用整合和规划。首先，依托松烟镇独特的自然景观和地理位置，以及气候特征等优势；其次，松烟镇搭乘骑游竞赛这一专车，进一步对体育旅游的体验平台进行打造。针对体育竞赛的举办，互联网＋在其宣传和对外传播上则起到了一定的助推的作用，通过各大体育赛事频道的报道和视频的播放，中国第一骑游小镇的旅游特色得到进一步宣传。

对此，我国其他地区可以借鉴松烟镇骑游旅游的成功经验，结合"互联网＋"，对全国各地的体育旅游景区、文化特征和体育活动进行拍摄和剪辑，制作成专业的纪录片或宣传片，对外进行宣传，让更多的游客了解到我国各地区的文化特色、风土人情、饮食文化等。同时，启用"互联网＋"进行旅游资源平台的宣传和引资，吸引更多优秀的具有先进管理理念的旅游公司对我国各省的旅游项目进行投资和旅游的二次开发和管理，促进我国各地区的体育旅游产业的现代化和规范化，让人们在观赏到我国各地区的独特自然景观同时，对各地的文化进行了解，借助视频等网络宣传推广我国独特的体育文化、风土人情。

2. 政策建议

政府对体育产业的发展发挥着基础引导性作用，而体育产业与旅游产业的交叉性对以条块分割为特色的行政管理体制形成了新挑战。为优化促进体育与旅游融合发展的体育产业政策体系，提升政策的科学性、合理性、精准性，现提出以下几方面的建议。

（1）调动市场主体积极性，培育专业社会组织

行政管制、经济管制和政府直接投入资源等方式发挥着基础性的作用，但间接引导市场的经济性工具、信息性工具和志愿性工具，也需在产业发展中扮演重要作用。

各地区需要根据自己的实际产业发展需求，合理组合、运用政策工具，发展特色产业，避免政策同质化和产业同质化。

①充分调动市场主体的积极性

体育产业的健康可持续发展，依赖于市场主体不断进行技术创新和商业模式变革，不断为变化发展的市场提供最优质的产品和服务。建议地方政府引导大型

战略投资者调整投资结构，促进资本流动。此外，虽然地方政府可以通过合理使用管制性工具为市场主体提供更好的发展空间（如通过取消不必要的行政审批简化办事流程），但相关市场主体适应新规则并改变自身行为还需要一定时间。因此，地方政府不仅应该提升行政水平、调整治理方式，而且应该在规则改变之后积极地引导市场主体适应新变化，使行政改革真正落实到位。

②培育和调动专业社会组织

体育产业在我国仍然是新兴产业，各级体育行政部门和体育产业工作者也同样处在"摸着石头过河"的探索阶段。建议地方政府合理运用志愿性、信息性等政策工具来调动专业社会组织。一方面，利用决策咨询、服务外包和战略合作等多种手段，化解社会组织发展资源不足的困境；另一方面，通过培育组织形式更灵活、更贴近市场主体的各类专业协会，可以弥补政府与企业间的沟通断层，化解政府产业治理经验不足的困境。

（2）落实配套政策，深化"放管服"改革

建议地方政府进一步细化政策内容，完善制度保障机制，从而提升政策可执行性。目前一些政策中，有相当一部分内容表述宏观而宽泛，许多政策只明确了态度和方向（如"鼓励社会力量参与冰雪运动项目开发""推广和国际交流活动""各相关部门需加大人员和组织保障"等），却没有确立具体机制、明确投入力度和实施保障。政策中虽然提到要提供土地、财税优惠等资源支持，但是体育产业引导资金的内容、支持的对象等重点环节却有所缺失，体育用地的规划和转化等重点环节也有所缺失。建议地方政府在下一阶段的政策制定中落实土地、税收等支持政策，加大金融扶持体育产业力度，形成衔接和配套。

此外，政府需合理运用管制性工具，深化"放管服"，通过取消不必要的行政审批、简化办事流程等手段降低市场交易成本。建议地方政府依据产业融合与发展的实际需求，进行行政部门职责的调整和整合，避免产业融合发展的动态性需求被行政职能分工的稳定性格局所束缚。在简政放权的过程中，也要尽可能完善相关行政法规，避免出现因原有体制弱化、市场自身约束力不足而造成混乱。

（3）跨区域协调府际关系，跨部门整合行政资源

建立区域协同政策制定机制。在京津冀一体化、长三角一体化和粤港澳大湾区上升为国家战略的背景下，地处同一经济圈的省级地方政府应当加强沟通与合作，建立区域内行政协调机制，统一制定体育和旅游产业发展规划，厘清各种责任和关系，减少不必要的行政重复和资源浪费，避免画地为牢、各自为政，协同促进区域内产业融合发展。

建立多部门联席会议制度。此外，建议地方政府根据产业融合发展的实际需求，对体育、旅游、国土、财政等不同行政管理部门的职责进行调整和整合，避免产业融合发展的开放性需求被行政职能分工的封闭性格局所阻隔。在省级行政区范围内，以体育、旅游为核心的各行政单位应当齐心协力地推动本地区体育与旅游融合发展，发挥好联动效应，甚至可以探索管理体制机制改革、尝试整合行政资源。

（4）完善统计制度，推进体育信息化建设

《体育产业统计分类（2019）》在"体育旅游服务"种类里增加了体育特色小镇、体育产业园区、水上运动码头等推进体育供给侧结构性改革、发展体育产业集聚区、建设特色健身休闲设施等新举措的内容。地方政府应当紧随其后，制定和完善省级统计分类标准，按时进行信息公开，汇编省级体育产业年鉴。此外，建议地方政府借助大数据等手段完成统计工作，精准把握市场动态，提高监管的质量和效率，同时为下一阶段的政策评估和政策再制定提供科学依据。

三、我国体育旅游产业的发展

（一）现状

在人们生活水平提升及对体育旅游加深认知后，体验经济呈现出日益增长的趋势。人们可从体育旅游中放松心情并降低压力，还可以达到强身健体的效果，满足了人们放松自己的内心需求。通过调查结果可知，我国休闲旅游者中将近一半的人数在参与体育旅游时是以休闲健身为参与目的，可见体育旅游正在悄无声息地扩大市场份额，并且在日后发展中具有较大的发展空间。目前，我国正处于经济结构不断调整的过程中，并加大了供给侧结构的改革力度，而体育旅游产业的发展正是促进产业结构调整与经济有效改革的契机。为了促进体育旅游产业更健康并快速地发展，需要掌握此产业在发展过程中是否存在阻碍发展的因素。下面将以东部沿海地区、中部内陆地区、西部偏远地区的体育旅游产业发展情况为例进行说明。

1. 东部沿海地区体育旅游产业发展现状

调查的三个区域中以东部沿海地区的经济最为发达，且含有较多的人口，城市中的交通也较为便利，可以说东部沿海地区的经济正是发展体育旅游产业的最佳区域。通过了解东部沿海地区的体育场所与相关设施设备后，可知其具备较为完善的基础设施和配套服务体系，经常会举办各种大型体育赛事传播体育精神。

因此，体育旅游产业在东部沿海地区不只拥有较大的市场，还具备充足的体育设施与投入资金。另外，因为此区域经济水平较高，吸引了较多高科技人才，且当地居民也具有较高的文化程度，对体育旅游的认知层面也较深，导致大部分职业俱乐部都处于此区域中。可见，东部沿海地区是体育旅游产业快速发展的重要区域。

2. 中部内陆地区体育旅游产业发展现状

我国中部内陆地区的经济与体育旅游产业的发展要低于及晚于东部沿海地区，但站在发展趋势角度分析，体育旅游产业的发展处于稳定状态，并且拥有一定的市场。站在旅游资源的角度分析，中部内陆地区具有丰富的旅游资源，比如洞庭湖、黄山、庐山等。当地政府对旅游业的重视程度较高，在出台政策时大多以发展旅游业为主，并加大了环境保护的力度。同时，政府在调整经济产业结构时，首先以旅游业作为优先发展的产业并出台优惠政策加大有效扶持力度。另外，在中部内陆地区周围存在着体育旅游经济圈紧密结合的现象，是发展体育旅游产业的一大优势。由于此区域人群的体育旅游意识要低于东部沿海地区，存在着体育设施与设备不完善、市场需求量相对不高、缺乏地区体育旅游特色、吸金能力较差等不足。

3. 西部偏远地区体育旅游产业发展现状

西部偏远地区多数是少数民族的居住区域，表现出较强的地区特色。如果在此区域发展体育旅游产业可以赋予个性化、特色化，但是因为此区域的经济发展缓慢，与体育相关的设施设备、发展资金等都较为匮乏，并且此区域的地理位置较为偏远，未有效吸引更多的人才发展此地区，进一步阻碍了西部偏远地区的体育旅游产业的快速发展。

（二）困境

1. 体育旅游产业的相关政策制度有待完善

2018 年"双 11"期间，体育消费总额的 3% 都是和攀岩、垂钓、马术、露营等休闲体育项目相关，能够看出现在休闲体育项目在群众心目中的热度越来越高。近些年国家也颁布了针对体育旅游产业发展的政策和文件，从国家层面上推动体育旅游产业的快速发展，但是目前在体育旅游产业的实践中，依然存在着大量的政策问题有待完善，在公共服务体系的建设上要进一步提升。

首先，是国内的体育旅游产业正在发展和起步的阶段，政府相关管理部门对于体育旅游产业的定位尚不清晰，也没有出台针对体育旅游产业的综合性管理文件，同时在体育旅游产业的公共服务保障体系建设上缺乏引导力度。政府相关管理部门针对体育旅游产业的发展缺乏深刻性的认识，致使体育旅游产业在市场监管、产品审批、最终消费引导上的机制不健全，出现政府和社会资源的混合以及管理与经营难以有效分开的问题，难以引导社会资源融入创新发展中。

其次，在相关体育旅游产业的游客评价模式和服务上不能有效地推动反馈和整合，使整个体育产业的融合最终呈现出较为粗放式的模式。在体育休闲与管理的过程中，对于新产业与业态有待进一步的深化推动。

最后，当前国内关于体育建设以及相关公共服务缺乏统一的推动与建设。在体育旅游产业的建设中，基础建设较为薄弱，一些体育旅游产业的项目在服务休闲质量上有待完善，大量存在轻视产品而重视服务的问题。这也反映出在体育旅游产业的推动与发展上，确实普遍存在着公共服务保障体系的缺失，并进一步导致了体育旅游产业在发展中缺乏监管，成为影响体育旅游产业快速发展以及供给侧改革的重要原因。

2. 在体育旅游产业的资源配置上需要优化

首先，国内的大量体育旅游以及体育资源得不到合理的利用，同时在体育旅游产业的建设中，仍然存在着大量资源得不到综合调度以及无效资源利用过剩情况。国家已经有明确的公告要求享受补助的体育场馆每周开放时间不少于 35 小时，全年开放时间不少于 330 天，每天开放时间不少于 8 小时等，希望通过硬性的措施能够减少体育产业资源的利用过剩情况。针对目前的体育旅游产业进行调研发现，国内不用地域上的体育旅游产业发展有着配置不合理、发展不均衡等特点。当前国内的体育旅游产业发展往往停留在对现有旅游资源的综合开发，如徒步、攀岩、马拉松等等项目。在资源配置上往往侧重对已经存在的资源进行优化，但是现有资源的数量非常有限，难以满足社会群众的大量需求，对于一些创新性的产品资源开发有待完善。

其次，体育旅游产业快速发展引起了人们对于创新性旅游产品的综合需求，从适应市场发展以及相关体育旅游产品的角度看，因为产品单一以及同质化严重等情况，导致最终选择的综合性产品非常稀少，难以满足人们对于多元化产品的综合需求。当前已经有越来越多的体育小镇旅游、马拉松旅游、户外旅游等进入社会创新中。在地域性的体育旅游资源发展上要进一步提升合理性，在地区性的服务管理机制上要不断完善。当前在体育旅游产业中出现了大量的重复性服务内容，降低了人们对于体育旅游产业的兴趣和消费欲望，一方面体现了对产品经济效益的升级，领一方面影响了人们在生活中的消费转型。

3. 缺乏专业性综合人才资源保障

体育旅游产业的发展是一种将旅游产业和体育产业融合的创新性产物，在体育旅游产业的发展与融合中，满足人们对于娱乐、休闲、健身的综合需求。

首先，在体育发展与融合的创作中有着融合不深入等问题，往往停留在对产品和产业的综合融合上，但是作为重要的市场化经营产业，在体育旅游产业的综合品牌构建、完整营销体系构建上，影响了综合性的产业经营体系。当前国内在体育旅游产业的发展中，往往倾向于大众化的综合消费，对于消费者的个性需求难以满足，在产业的融合与创新中缺乏多元性以及创新性，最终产生了跨界融合上的问题，使体育旅游产业仅停留在基本层面上。

其次，体育旅游产业的经营体系与创新体系在发展上要进一步完善，体育旅游产业的发展必然依赖培养更多适应体育旅游产业的人才。但是目前在国内的体育旅游产业发展中，综合性管理人才较为匮乏，在产品的创新与创造上难以实现高效的融合。这种高水平与高层次的管理人才缺失导致了资源的创新性不够，而高校在人才培养机制上也较为落后。

目前国内在高校建设以及社会资源融合上，要进一步提升人才的培养机制，强化在体育旅游产业发展中的人才资源供应，当前国内对于体育旅游产业的人才培养教育体系尚为建立，所以适应体育旅游产业的人才往往难以找到相应的培训机制，不能够适应当下社会互联网技术的快速发展与融合，在产品资源的整体配合上要进一步提升服务。这也是未来在体育旅游产业发展中必然要应对的问题。

（三）中国体育旅游的治理措施

1. 确定出体育旅游产业的各项职能

旅游业的职能涉及政治领域、文化领域、经济领域、社会领域、生态领域等，体育旅游也应被赋予旅游业的这些职能，并且根据体育元素具体明确出体育旅游含有运动领域、健康领域、休闲领域的职能。

2. 确定体育旅游产业的治理主客体

体育旅游产业的治理应涉及不同层次主客体的治理过程，包括政府治理过程、市场治理过程、社会治理过程三个方面。在治理我国体育旅游产业时，要求行为达到自律的效果且要以经济治理为基础协调不同层次主客体的治理过程，避免发生"碎片化治理"与"条块分割治理"的现象，进而防止治理缺位的问题产生。因此，在治理主体方面应采取多元化主体形成伙伴关系的治理方式，体育旅游产业不只需要旅游局与体育局的治理主体，还应引人国务院、政府与相关部门、体育行业组织与非营利性组织、社会公共机构与社会组织等，治理客体应涉及体育旅游企业客体、服务商客体、旅游中介客体、旅游景区服务客体、相关经营者客体、体育旅游者客体等。

3. 明确实际治理内容

站在宏观角度分析治理内容，应包括体育旅游产业规划管理治理、市场行为治理、创建法律法规、服务质量标准治理、公共服务供给治理、安全治理、人力资源治理七个方面。

4. 引入有效的治理模式

根据体育旅游产业的发展方向以及为提升其国际竞争能力，体育应实施混合治理的方式发展体育旅游产业，包括中央政府治理中出台防越界治理政策，体育部门对体育旅游产业特质进行有效规划，地方政府应根据国家对体育旅游产业的发展理念创建出区域资源平台，体育旅游企业站在竞争角度创建更为优质的产品，社会组织要以公共利益补短板为核心确定治理方式。应通过跨行业与跨部门的方式，行政、经济、法律、教育等相融合的方式，对体育旅游产业进行混合治理，实现促进产业健康并快速发展的目的。

5. 加大人才培养与引入力度

体育旅游产业的发展与专业人才密不可分，各级政府应重视体育旅游人才的引进与培养，在充分发挥旅游人才作用的同时，推动体育旅游产业更快速地向前发展并具备国际竞争能力。首先，出台政策吸引体育旅游专业人才。较多体育旅游专业人才向往于东部沿海地区，原因是此地区经济较为发达且机遇较多，如果在此区域发展会促进自身良好的发展与成长。因此，中部内陆地区与西部偏远地区应出台优惠政策，比如根据专业人才的能力提供相应的薪酬及住房待遇等，在触动专业人才自身利益时会激发出人才就职的欲望，实现吸引专业人才发展当地体育旅游产业的目的；其次，在当地学校应加大体育旅游人才的培养力度，根据体育旅游产业的发展需求改革学校内的教育方向，以重点培养体育旅游人才为核心，并要求学校围绕体育旅游人才培养开展更多的教育活动，进而为当地输送更多的人才，并促进当地体育旅游产业的快速发展。

7. 重点发展私人服务模式

当前消费者对私人服务的需求力度较高，而三大区域普遍存在着缺乏私人服务的问题，应采取宣传讲座的方式将私人服务——个性化定制对企业发展具有的现实意义传递给企业；可以在满足消费者需求的同时促进企业快速的发展。企业为了自身发展会深入思考宣传讲座的核心内容，并在后续发展中大力创建私人服务的过程，进而解决以往存在的大众个性化需求与供给不足的矛盾问题。

8. 治理中要不断完善政策的准确性与有效性

体育旅游产业的发展与有效政策的出台密不可分，而出台的政策是否准确决定着产业发展的方向与速度，应借鉴西方发达国家的体育旅游产业政策，并根据我国实际及当地实际确定出政策内容，可以保证政策达到与时俱进且促进当地体育旅游产业发展的目标。另外，还应加大公共服务体系改善力度，解决以往存在的大众需求与公共服务存在矛盾的问题。

第二章　张家口承办 2022 年冬奥会滑雪项目介绍

本章主要对张家口承办 2022 年冬奥会滑雪项目进行介绍，依次包括越野滑雪、跳台滑雪、冬季两项、北欧两项、单板滑雪、自由式滑雪六个项目，并且对每个项目的比赛场地进行了介绍。

第一节　张家口承办 2022 年冬奥会滑雪项目之越野滑雪

越野滑雪是 2022 年冬奥会张家口承办项目之一，其比赛场地为国家越野滑雪中心。该中心位于河北省崇礼区太子城区域东南侧山谷之中，占地 106.55km²，由 9.7km 赛道和各种功能区组成，由西向东依次为场馆运营综合区、运动员综合区、场馆技术楼、场馆媒体中心和转播综合区。北京冬奥会期间，这里将举办男子 15km、女子 10km 等越野滑雪项目，产生 12 枚金牌。

越野滑雪是历史最悠久的滑雪形式，也是世界运动史上最古老的运动项目之一。因北欧人发明，越野滑雪也被称为"北欧滑雪（Nordic Skiing）"。滑雪者在越野滑雪时会使用一双更加细长、更薄且略微弯曲的滑雪板。穿上越野滑雪板滑雪时感觉像是每只脚上绑了根"宽面条"在雪上快速行走。越野滑雪是借助滑雪用具，运用登山、滑降、转弯、滑行等基本技术，滑行于山丘、雪原的运动项目。

第二节　张家口承办 2022 年冬奥会滑雪项目之跳台滑雪

张家口承办 2022 年冬奥会跳台滑雪项目的比赛场地为国家跳台滑雪中心（"雪如意"），位于张家口市崇礼区古棋路，是中国首座跳台滑雪场馆，主体建筑灵感来自中国传统饰物"如意",因此被形象地称作"雪如意"。国家跳台滑雪中心的滑道分为 HS140 大跳台和 HS106 标准跳台,140 大跳台长度为 110m,落差为 135m,106 标准跳台长度为 106m,落差为 115m。作为当今世界上体量最大的跳台滑雪场馆,"雪如意"12 月 2 日迎来 2021—2022 国际雪联跳台滑雪洲际杯和 2021—2022 国际雪联北欧两项洲际杯两项测试赛。这是"雪如意"在"相约北京"系列冬季体育赛事 2021 下半年测试赛和测试活动中的首次亮相,是其在北京冬奥会前最重要的一次实战演练。

跳台滑雪分为普通台男子单人 / 女子单人、大台男子单人和大台男子团体。运动员脚着专用滑雪板,不借助任何外力,从起滑台起滑,在助滑道上获得高速度,于台端飞出后,身体前倾与滑雪板成锐角,沿抛物线在空中飞行,在着陆坡着陆后,继续滑行至停止区停止。

为了能达到更大的跳跃距离和能使动作做得利落大方,现代世界跳台滑雪技术要求跳跃者身体前倾,与滑雪板尽量平行,以便能更好地运用飞行中的空气升力,减少空气阻力(图 2-2-3)。此外,两手不做多余的前摆和后振动作,两手和臂通常紧贴在身体两侧,使身体沿自然抛物线滑翔,在着陆时很自然地能与地面坡度圆滑相接。这项运动极为壮观,对培养勇敢、果断、沉着、机智等意志品质很有价值。

第三节　张家口承办 2022 年冬奥会滑雪项目之冬季两项

冬季两项是张家口承办 2022 年冬奥会项目之一,其比赛场地为国家冬季两项中心(图 2-3-1、图 2-3-2)位于张家口市崇礼区太子城区域东北侧山谷,自北向南依次布置靶场、赛道与起终点区、场馆技术楼等。其中,赛道总长 8.7km,沿山体自然地形而建,分为竞赛主赛道、残奥坐姿赛道及训练赛道等;场馆技术楼共有地上 4 层,建筑面积为 5200m²,主要功能为赛事管理和技术用房;在东西两侧,还有地下连接通廊横穿赛道出发区,连接技术楼、设备存放区与靶场。

冬季两项由越野滑雪和步枪射击两种运动形式构成。运动员以滑雪板、滑雪杖和步枪为工具在专门的线路上滑行一定距离,并在指定区域按顺序进行不同姿势的射击,是一个综合性竞赛项目,也是目前冬季奥林匹克运动会中唯一要求运动员在比赛中迅速由动转静或由静转动的项目。

冬季两项运动员在越野滑雪中承受着极大的运动负荷,这样射击的条件更加复杂，在滑完 3~5km 后，运动员伴随着加快的心率和呼吸进入射击的临界状态，而最后一次进入射击的临界状态是在极其疲劳的滑行条件下，从而会对射击的技术带来不良影响。

现代冬季两项运动历史悠久。在荷兰、挪威及瑞典等北欧国家的一些约 4000 多年前的石制雕刻品中就刻有足蹬雪板、手持棍棒的人在雪地里追捕动物的情景。1767 年守卫在挪威与瑞典边界的挪威边防巡逻队举办了第一次滑雪和射击比赛，这是滑雪与射击结合运动的开始。1861 年挪威成立世界上最早的滑雪射击俱乐部。1912 年挪威军队在奥斯陆举行了一次名为"为了战争"的滑雪射击比赛，随后滑雪射击逐渐在欧美国家成为一种体育运动项目。在 1960 年的第八届冬奥会中，现代冬季两项被正式确立为竞赛项目。

我国的现代冬季两项运动是 1960 年首先在解放军滑雪队中开始发展的。在 1980 年的全国滑雪比赛中，现代冬季两项正式列为比赛项目。同年，中国现代冬季两项运动员参加了第 13 届冬奥会。

目前在我国新疆阿勒泰，每年都举行"古老冬季两项"滑雪比赛。该比赛所用的器具是由兽皮制作的毛皮滑雪板和雪橇，再搭配一根手杖，这些曾是阿勒泰地区牧民冬季主要的交通工具。

第四节　张家口承办 2022 年冬奥会滑雪项目之北欧两项

河北省承办 2022 年冬奥会北欧两项比赛场地分别是国家越野滑雪中心和国家跳台滑雪中心，均位于河北省张家口市崇礼区。

北欧两项起源于北欧，北欧斯堪的纳维亚半岛地区冬季雪多，适于开展滑雪运动，但因缺乏阿尔卑斯山脉那样的高山，高山滑雪不够普及和发达，而越野滑雪和跳台滑雪却得到较好的开展。于是出现了既要求越野滑得快，又要求跳雪跳得远的北欧两项比赛项目。这个项目由越野滑雪和跳台滑雪组成，是北欧几个国家的体育强项，故又称"北欧全能"。

比赛规则基本上与越野滑雪和跳台滑雪单项比赛的规则相同。先进行跳台滑雪比赛，之后进行自由技术的越野比赛。比赛规则规定，运动员两个单项的成绩换算为得分再计总成绩和排列名次，得分高者名次列前；1992 年冬奥会开始有所不同。

第五节　张家口承办 2022 年冬奥会滑雪项目之单板滑雪

张家口承办 2022 年冬奥会单板滑雪项目的比赛场地为云顶滑雪公园（图 2-5-1），位于张家口市崇礼区的云顶乐园内，是北京 2022 年冬奥会和冬残奥会自由式滑雪及单板滑雪的比赛场馆。北京 2022 年冬奥会后，云顶滑雪公园将作为奥运遗产永久保留。

单板滑雪（又称滑板滑雪）源于 20 世纪 60 年代中期的美国，其产生与冲浪运动有关。1965 年，舍曼·波潘（Sherman Poppen）把两块滑雪板绑在一起，偶然中就创造了两脚踩踏在一整块雪板上滑雪的新型滑雪板，并发明了一种名为"雪上冲浪"的娱乐活动——人们通过一根绳子控制着雪板从山上滑下，这就是单板滑雪的前身。

到了 20 世纪 70 年代，两个对于单板滑雪至关重要的人物出现了：汤姆·希姆斯（Tom Sims）和杰克·伯顿·卡彭特（Jake Burton Carpenter），通过对材质和固定器的改进，使单板从半玩具式娱乐用品逐渐进化成为真正的运动装备，大大提升了人们在"雪上冲浪"时的控制力和速度。这样的贡献让他们被视作现代单板滑雪的奠基人。

单板滑雪如今已是滑雪运动中的大项目，不但成为冬奥会的竞赛项目，而且广受大众滑雪者，尤其是年轻滑雪者的喜爱。

第六节　张家口承办 2022 年冬奥会滑雪项目之自由式滑雪

自由式滑雪是 2022 年冬奥会张家口承办项目之一，其比赛场地为云顶滑雪公园。

自由式滑雪起源于 20 世纪 60 年代的美国，是在高山滑雪基础上发展而成的项目。史上第一次自由式滑雪比赛于 1966 年在美国新罕布什尔州（New Hampshire）举行。在随后的 10 年中，许多勇敢的滑雪爱好者创造出了大量的惊险动作，自由式滑雪这项运动也逐步成型。国际雪联在 1979 年正式承认自由式滑雪项目，并在运动员及其跳跃技巧方面制定了新的规则，以减小此项运动的危险性。首届世界杯自由式滑雪系列赛在 1980 年举行，法国在 1986 年举办了首届世界自由式滑雪冠军赛。1992 年自由式滑雪正式被列为冬奥会比赛项目。

自由式滑雪以往分为三个小项，包括雪上技巧、空中技巧和雪上芭蕾。雪上技巧是运动员从设置了许多均匀小山包的山坡上滑下，中间必须做两次跳跃或肢体体操动作。裁判按照规定距离内运动员所用的时间长短和运动员转体的准确程度、积极程度、速度及空中动作综合评分。空中技巧运动员可选择各种难度的跳跃和旋转，在预赛中进行两跳。裁判根据其起跳的质量、高度、空中姿态及落地的情况综合评分。雪上芭蕾则是在特殊修整的、具有一定坡度的场地上，伴随音乐完成一套滑行、步伐、跳跃、旋转、空中翻转等技术动作组成的自编节目的比赛。

很少有滑雪者特意去玩自由式滑雪，因为它包括翻跟头、空中翻转、劈叉、头朝地下落等。自由式滑雪有一种特殊的"双尖头"滑雪板，这种雪板两端都有向上翘的圆形尖头，这样在滑行时就可以倒滑，并且可以展示更多动作。由于自由式滑雪动作比较急剧，且冲击力较大，因此要求滑雪板必须坚固、耐用。滑雪板除了要安装脱落器，在雪上技巧和空中技巧项目中还必须安装止滑器或停速器。

自由式滑雪空中技巧项目属于技能占据主导因素的美学运动，具有"稳、难、准、美"的运动特征。该项目要求运动员具备良好的身体平衡协调能力和心理素养，虽然技巧性占据主导，但是运动员体能训练同样不容忽视。只有系统化、科学化地实施体能训练，才会更好、更安全地为完成技术动作奠定坚实的基础，进而达到提高成绩的目的，促进个人滑雪水平的全面提升。

第三章 河北省崇礼滑雪大区概况

本章介绍河北省崇礼滑雪大区的概况，主要介绍了四个方面的内容，依次是河北省崇礼体育旅游业的发展背景、河北省崇礼体育旅游业的发展概况、河北省崇礼体育旅游业的资源评价、河北省崇礼体育旅游业的市场分析。

第一节 河北省崇礼体育旅游业的发展背景

河北省崇礼滑雪大区包括张家口市崇礼区、赤城县和沽源县，考虑到游客行为规律与旅游产品的完整性，范围适当兼顾张北县部分地区，区域简称为崇礼滑雪大区。

一、战略需求

（一）建设京津都市后花园

充分发挥张家口市地处京畿的经济地理区位优势，使地缘优势转化为发展优势，加强京津世界级都市圈大市场和旅游目的地之间的联系，促进京津冀旅游一体化和河北省环首都绿色经济圈发展。

（二）实施大旅游发展战略

培育张家口市滑雪旅游动力产业，建立滑雪旅游产业集群，形成大旅游产业体系，打造中国滑雪旅游产业旗舰；深度挖掘张家口市山地资源、雪地资源潜力，使资源优势转化为经济优势；全面推动张家口市及周边地区产业优化和升级，转变经济发展方式；依托旅游优势在贫困山区创建跨越式的发展模式。

（三）打造国际滑雪旅游品牌

积极提升张家口城市形象，全面提升滑雪运动、竞技体育、生态休闲旅游品质，大力开拓国内外滑雪旅游市场。

（四）积极申办、举办"三冬会"

"三冬会"即中华人民共和国全国冬季运动会（简称全国冬运会）、亚洲冬季运动会（简称亚冬会）、冬季奥林匹克运动会（简称冬季奥运会），打造国际滑雪运动训练和比赛基地，通过竞技滑雪提升张家口滑雪旅游品牌，促进大众滑雪发展。

（五）全面借鉴国外国际水准滑雪度假区的发展经验

以张家口市滑雪旅游产业发展为典型案例，对我国滑雪旅游度假区在开发模式、运营模式和盈利模式等方面进行创新。

（六）注意生态保护

实现生态产业替代传统产业，改善生态环境，增强张家口市作为首都生态安全屏障和水源涵养区的生态系统服务功能。

二、区域背景

崇礼滑雪大区地处张家口市东北部，位于河北省西北部，114°17′E~115°34′E，40°47′N~41°17′N，地处北京、河北、山西、内蒙古交界处，东邻首都北京，西连煤都大同，南接华北腹地，北靠内蒙古草原，是京津冀和晋冀蒙经济圈的交汇点，是华北、东北、西北三大市场的重要中转地，区位优势独特。

崇礼区向西与张北县相邻，西南面向张家口市，南面与宣化区相接。崇礼区海拔在 814~2174m 之间，地形主要以山地为主，以中低山脉为主，山体面积大约有 2159.39km²，占总的土地面积的 92.5%，海拔从 814m 延伸到 2174m，山地坡度多在 5℃至 35℃，陡缓比较适中，坡度坡向适宜滑雪场场地选址。受大陆性季风气候以及山地地形因素共同影响，夏季平均气温 18.4℃，冬季平均气温为 −12℃。森林覆盖率为 57.9%，全境森林覆盖率高于华北北部平均水平。同时崇礼区的天然次生林面积位居河北省第一，空气中负氧离子浓度高达 10000 个 /cm³，PM2.5 平均值优于国家一级标准，素有"天然氧吧"之称，是生态观光、休闲疗养的理想之地，为崇礼滑雪旅游发展奠定了坚实的基础。

张家口市区东距北京市 150km，西距大同市 218km。崇礼滑雪大区中的崇礼区位于张家口市中部，总面积为 2334km²，2015 年总人口为 12.7 万人；赤城县位于张家口市东部，东靠北京市延庆区，总面积为 5287km²，2015 年总人口为 29.9万人；沽源县位于张家口市北部，北倚内蒙古草原，总面积为 3654km²，2015 年总人口为 23.2 万人。崇礼滑雪大区总面积为 1.1275 万 km²，2015 年区内人口合计 65.8 万人。崇礼有着悠久的历史文化，境内秦、燕、明等不同时期长城环绕，与丝绸之路、茶马古道齐名的张库大道从崇礼之中穿行，而其中的太子城、龙山文化等历史古迹也得以留存。

（一）地处京津水源涵养区

张家口市位于首都北京市的上风上水区域，是京津重要的水源涵养区、城市供水水源地和风沙源治理区，是首都最重要的生态安全屏障，是保障首都供水来源的官厅水库和密云水库的主要集水地区，区内鸳鸯河、闪电河分别为洋河、滦河的源头，而洋河和滦河分别是北京市和天津市的供水生命线，因此生态保护一直放在重要位置。

张家口市作为首都最重要的生态安全屏障，其工业布局自 20 世纪 50 年代后受到严格限制，区域发展相对封闭。为落实保护首都水源生命线的战略部署，近年来农牧业发展总体呈收缩之势，亟待破解生存发展与生态保护的双重难题。

（二）过渡性地带，自然环境独特

张家口市自然地带过渡性特征明显，孕育了独特的冰雪、温泉、丹霞地貌、草原和森林自然景观，构成了发展滑雪旅游业的自然基础。

1. 地理位置

张家口市地处内蒙古高原与华北平原过渡地带，坝上环境与京津迥异，太行山、燕山、恒山、阴山在这里交汇，北东向山系（新华夏构造体系）和东西向山系（纬向构造体系）在这里穿插叠覆，使区域内地貌格局发生分异，其中张家口-北票深断裂及丰隆断裂将张家口市分为坝上和坝下两大地貌单元。坝上地区为内蒙古高原的一部分，自中生代以来形成稳定地块，整体抬升为高原；而坝下地区受宣化断裂、阳原断裂、下花园断裂、黑山寺-狼山断裂以及更次一级断裂影响，又分异为坝缘山地、山间河谷盆地和南部中山区，自然地理特征分异明显。

崇礼滑雪大区内的沽源县呈现波状起伏的浑圆岗梁与宽阔平坦的谷地相间分布的高原地貌景观；赤城县、崇礼区地处坝上高原与坝下山间河谷盆地的过渡地带，地势北高南低，大马群山、翠屏山、冰山梁、桦皮岭、红花梁等崇山峻岭绵延起伏、横亘全境，山地植被良好，对区域小气候的形成起到重要作用。

2. 气候

张家口市位于温带大陆性气候区，属中温带半干旱大陆性季风气候，四季分明，春季干燥多风，夏季雨热同期，秋季短促，冬季盛行由大陆吹向海洋的干冷冬季风。小气候特征突出，冬季漫长可滑雪，夏季凉爽可度假。受西伯利亚冷空气南下影响，冬季平均气温为 -12℃左右，0℃以下的严冬期长达 5 个月，雪期跨越 11 月到次年 4 月，冬季年均降雪量超 60cm，累计积雪量达 1m 左右，存雪时间长达 150 多天，颗粒硬度、黏度等各项雪质参数均符合滑雪标准，平均风速仅为 2 级，具备开发滑雪旅游的气候条件。张家口市夏季平均气温为 20℃，是京津地区居民良好的避暑去处。

3. 降水

张家口市降水总体偏少，分布不均，年降水量为 306~681.1mm；蒸发量偏大，年蒸发量为 1800~2200mm。坝缘山地、山间河谷盆地和南部中山区为外流区，而坝上高原大部分短小河流属于内陆水系，且在其终端形成咸水湖泊（当地称为淖），闪电河、鸳鸯河属于外流水系，分别为滦河、洋河的源头。

4. 植被

山地植被相对较好，山地土层瘠薄，破坏后不易恢复。坝缘山地的水文条件相对较好，山地植被覆盖度较高，达 50% 以上，局部区域可达 95%；山地植被呈现出明显的垂直带谱，在海拔 1500m 以下为落叶阔叶林，在海拔 1500~1800m 为针阔叶混交林，在海拔 1800m 以上为针叶林，在海拔 2000m 左右的甸子梁夷平面上发育亚高山草甸。较高的植被覆盖度不仅能涵养水源，改善区域小气候，并且能使游客在工作之余享受放松和自然的生活状态。滑雪旅游已逐渐成为人类生活中不可缺少的一部分，但适宜建滑雪场的区域坡度大，土层相对瘠薄，一旦遭到破坏，不易恢复。

（三）多元文化交融，历史文化底蕴深厚

平原文化与高原文化、汉文化与少数民族文化、中原文化与塞外文化不断交融，形成了丰富的文化底蕴及多样的旅游资源。

张家口市历史悠久，文化源远流长，是中华民族与中华文明的发祥地之一。4700 年前，中华民族三大人文始祖——黄帝、炎帝、蚩尤都曾生活、战斗在涿鹿之野，开创了"千古文明开涿鹿"的旷世伟业，留下了众多的历史文化遗迹。其中，古人类活动遗址 80 余处，阳原县的泥河湾遗址、小长梁遗址、虎头梁遗址和泥

泉堡遗址，均为国内外知名旅游景点。张家口为"涿鹿之战"和"土木之变"等历史事件的发生地，军事遗址有野狐岭古战场、蚩尤三寨、八角台；交通遗址有鸡鸣驿、张（家口）库（伦）大道、独石口、黄帝城、上谷郡、沽源九连城、代王城、元中都 8 处国内知名的废城与聚落遗址。

崇礼地处河北省的西北部，张家口地区中部，在明长城北面。书上说：经长城隘口大境门逶迤东北行，即进入崇礼。果不其然，崇礼境内山峦起伏，沟壑纵横，已然透出了滑雪的风骨了。据说，崇礼县建县时间较短，距今仅有 74 年历史。历代都没有单行建制，直到 1934 年（民国 23 年）5 月，才从周边的县区中划出，取"崇尚礼义"之意设置崇礼。资料上介绍说：崇礼县与张北县交界的桦皮岭汇集了战国时期的燕北长城，秦始皇连接燕赵的秦长城，西汉长城，是第一条少数民族修的北魏长城和明长城。

在战国（燕、赵）、秦、汉、北魏、北齐、唐、金、明等八个朝代，历时2300 多年修筑的长城中，崇礼境内就有六个朝代的六段长城。其城墙纵横相交，错落相叠。卫青、霍去病、飞将军李广以及苏建等都在代郡、上谷郡打过仗。李广和苏建还当过太守。"秦时明月汉时关，万里长征人未还。但使龙城飞将在，不教胡马度阴山。"诗者说的就是这里的故事。

抗日战争时期，张家口市海陀山区是平北抗日根据地的中心地，现在已经发展成为爱国主义教育基地。

（四）传统增长模式面临严峻挑战、经济发展相对落后

崇礼区、赤城县和沽源县受多方面条件约束，面临人口压力大、贫困面广、基础设施落后、工业化进程缓慢、农牧业社会特征突出、社会经济发展相对滞后的问题，亟待走出环京津贫困带发展的困境。

亚洲开发银行调研发现，2005 年在河北省环绕京津的区域有 25 个贫困县、200 多万贫困人口，集中连片，与西部地区最贫困的"三西地区"相比，处在同一发展水平，有的指标甚至更低，为此提出了"环京津贫困带"的概念。改革开放初期，河北省环京津贫困带的 32 县经济与京津二市远郊的 15 县经济基本处于同一发展水平，但多年后的今天，两者之间的经济社会发展水平已形成了巨大的落差。

1. 亟待改变资源高耗、粗放型传统经济增长方式

张家口市已形成以能源、机械制造、冶金、化工、轻纺、建材、医药、食品等为主导的产业体系，拥有一批如矿山机械、生铁、电石、白酒、葡萄酒、中高

档卷烟、医药等有市场竞争力的优势产品。但近年来，由于技术更新较慢，传统产业资源和能源消耗大，对区域生态环境施加了巨大的压力，经济发展持续性受到考验。崇礼、赤城、沽源等地工业基础相对薄弱，主要以采矿业和风电产业为主，资源型工业特征突出，而矿业发展面临储量有限的困境，经济转型的任务艰巨。要想实现生态建设目标，必须走生态经济发展之路。

2. 旅游业处于加快发展阶段，成为经济转型的重要突破口

近年来，张家口市充分发挥紧邻首都北京市的区位优势，把旅游业作为全市第一支柱产业来打造，取得了良好的效果。"十二五"期间，张家口市旅游业已进入加速发展期，2015 年，旅游业综合收入超 300 亿元（表 3-1-1）。以崇礼为龙头的滑雪旅游业逐渐成为旅游业新的增长点，有望成为张家口市经济转型、调整优化经济结构的重要突破口。云顶滑雪场、万龙滑雪场、长城岭滑雪场、翠云山滑雪场、多乐美地滑雪场、太舞滑雪小镇等滑雪场的建设将会带动崇礼滑雪大区旅游由"一季游"向"四季游"转变。

表 3-1-1　张家口市"十二五"期间接待游客情况

年份	国内游客				国外游客			
	人数/万人次	增长率/%	收入/亿元	增长率/%	人数/万人次	增长率/%	收入/万美元	增长率/%
2011	1495.18	44.50	85.68	47.21	7.50	41.60	1187.69	37.50
2012	2109.70	41.10	126.59	47.75	8.30	10.67	2048.60	72.49
2013	2739.57	29.86	181.97	43.75	8.93	7.59	2257.68	10.21
2014	3308.07	20.75	235.72	29.54	9.93	11.20	2724.86	20.69
2015	3837.28	16.00	299.66	27.13	10.72	7.96	2908.97	6.76

资料来源：《张家口经济年鉴》（2012—2016 年）、《张家口市国民经济和社会发展统计公报》2011—2015 年）

综上所述，崇礼滑雪大区战略地位突出，加快经济转型发展迫在眉睫。崇礼滑雪大区未来发展方向与首都北京市关联密切，因此需要探索与京津对接的生态经济发展模式。良好的旅游资源条件和区位条件赋予了崇礼滑雪大区旅游业较大的发展潜力，滑雪旅游业已经起步，需做大做强，提升其对社会经济发展的带动能力。

第二节　河北省崇礼体育旅游业的发展概况

一、崇礼滑雪旅游发展历程

（一）起步阶段

1996 年至 2002 年，此阶段为起步阶段。1996 年，总投资 10 万元左右的塞北滑雪场选址兴建，崇礼滑雪旅游业自此正式进入发展起步阶段，1997 年翠云山滑雪场开始兴建，相比第一家塞北滑雪场，第二家滑雪场的投资金额高出将近 50 倍。随着崇礼滑雪旅游业的发展，崇礼旅游业形成了一定的规模和影响力，形成了一定的辐射作用，并在 2001 年被河北省政府列入全省旅游开发重点县之一。

（二）快速发展阶段

2003 年至 2014 年，这一阶段为快速发展阶段。2003 年是崇礼滑雪旅游发展的重要一年，北京好利来与崇礼签订了 16 亿元的旅游项目，为崇礼滑雪基础建设提供了支持；该年万龙滑雪场成功举办了国际滑雪节，吸引了全球的滑雪爱好者到崇礼滑雪，为崇礼滑雪旅游品牌的形成创造了条件，奠定了今后发展的基础。随后在滑雪相关投资上，万龙旅游运动有限公司、长城岭滑雪场、多乐美地滑雪场（首家外资滑雪场）等项目相继开始投资兴建，多家滑雪场地的开发建设以及高额的资金投资也预示着崇礼滑雪旅游业发展逐渐形成了集群发展之路。

（三）冬奥会阶段

2015 年至今为冬奥会阶段。2015 年 7 月 31 日，中国申请举办 2022 年冬奥会成功，大大促进了我国冬季旅游产业快速发展，对滑雪旅游产业的发展提供了一个重要契机。崇礼目前正在运营的正规滑雪场共有七家，早在 2016 年国家体育总局就将其列入"崇礼国家体育产业示范基地"。至 2017 年，已建成云顶滑雪场、万龙滑雪场、长城岭滑雪场、多乐美地滑雪场、张北塞那都滑雪场、太舞滑雪小镇等滑雪场，被评为华北地区首家以滑雪为特色的国家 AAAA 级旅游景区。多乐美地滑雪场是张家口第一个外资滑雪场，已建成具有国际水准的雪道 8 条、索道 5 条，完成雪具大厅、停车场和设备房等工程；长城岭滑雪场已建成雪道 4 条、索道 5 条以及运动员公寓、综合训练馆、田径场及餐饮、住宿、娱乐等设施，该滑雪场也是河北省第一个现代化高原竞技训练基地和体育健身基地；崇礼密苑生态旅游度假产业示范区为综合性滑雪旅游景区，每年可接待游客 100 万人次以上。目前，张家口滑雪旅游已经成为河北省冬季旅游的亮点，加上其地理位置优势，受到了华北地区滑雪爱好者的青睐，每年冬季接待游客 80 多万人次，其中 80% 为北京自驾车游客。在 2019 的春节旅游高峰期，崇礼区有官方数据表明，其中滑雪旅游全区的旅游人次总计 17494 人次，旅游收入将近 15745 万元，其中 7 家正式运营的雪场（银河、多乐美地、太舞、富龙、长城岭、密苑云顶和万龙）总接待旅游人次达到 68491 人次，创下了 5821.7 万元的旅游收入。由此可见，在政策和市场促进下，崇礼滑雪旅游产业正在进入高速发展阶段，七家滑雪场的运营格局也使得崇礼加快滑雪旅游集群发展的脚步。

2004 年，崇礼县被国家体育总局正式批准建设国家滑雪基地；2007 年，崇礼县荣获首批河北省旅游强县称号；2008 年，崇礼县、赤城县、沽源县被列入河北省环京津休闲旅游产业带，其中崇礼县是 19 个特色休闲重点县之一；2010 年，赤城县被列为环首都绿色经济圈 13 个县级城市之一。优越的区域位置，以及旅游产业和滑雪产业大力发展的势头，代表着张家口滑雪旅游业正在蓬勃发展，并进入了新的发展阶段。为了积极备战冬奥会，崇礼当地也设立了国家训练基地。而从滑雪旅游的方向来看，崇礼则致力于中国冰雪运动中心旅游目的地品牌的建设与打造。崇礼旅游品牌先后荣获"中国县域旅游之星十强"等称号，并被列入中国国际特色旅游目的地创建名单，崇礼滑雪更是多次列入"中国体育旅游精品项目"名单。

二、崇礼滑雪旅游发展情况

（一）滑雪场的规模

在崇礼的滑雪旅游市场的发展壮大下，当前共有万龙滑雪场、翠云山银河滑雪场、密苑云顶乐园、多乐美地滑雪场、长城岭滑雪场、太舞滑雪小镇、富龙滑雪场七家大型滑雪场。目前七家滑雪场共拥有雪道 154 条，129.6km（通过国际雪联场地认证的雪道共 10 条），各类缆车、索道、魔毯 75 条，31.1km，每日可接待上万游客。七大滑雪场的海拔都在 1500m 以上，七大滑雪场的雪道总面积超过 1200 万 m²，总运力达到 54515 人次 / 小时。同时云顶、万龙、太舞、富龙滑雪场配套服务设施扩模升级并入围"中国滑雪场十强"（其中包括云顶、万龙、多乐美地、长城岭、太舞五家滑雪场地和现在规划新建的冬奥会北欧中心 / 冬季两项中心）。翠云山银河滑雪场建成运营，崇礼滑雪大区荣获"冬季旅游目的地十强"称号，万龙、云顶乐园、太舞滑雪场雪道的面积均超过了 100 万 m²。富龙滑雪场作为崇礼首家实现夜场开放和滑雪道与住宅相连，成为真正意义上"滑进滑出"的滑雪度假区，其位置处于崇礼城中，可以说是当前全国首家将家庭和儿童作为主题的城中大型休闲滑雪度假区。除富龙滑雪场的成就之外，长城岭滑雪场已作为河北高原训练基地，多乐美地滑雪场则发展为国家滑雪基地，而万龙滑雪场现今也在河北省 4A 级景区中占领高地。

（二）滑雪场的空间分布

崇礼区七家滑雪场中除富龙滑雪场位于城中，其余 6 家均集中于崇礼城区的东南位置。这七个滑雪场地将太子城冰雪小镇作为中心点，以 10km 为半径聚集成为中国最大的雪场集群，各个滑雪场之间的距离也比较近，七大滑雪场距崇礼城区的距离均不超过 25km。同时，由于崇礼与北京相近的地理位置，将出行时间控制在了 3 小时之内，使得游客无论是自驾还是乘车都拥有较低的时间成本，且张家口市与崇礼的距离只有 60km 左右，车程时间又将大大缩短。由此可见，崇礼区的 7 大滑雪场区域分布状态呈现出团状的特点，因为滑雪场对周边山地地形的依赖性比较强，同时崇礼区滑雪场分布具有集聚化的特征。虽然冬季到崇礼滑雪是各地游客的主要目的，但夏季的崇礼同样是避暑度假的好去处。崇礼的山丘旅游景区、矿石集聚地、森林度假区等旅游资源，也能够在夏季满足游客运动游玩的需求。同时滑雪场在夏季举办国际山地马拉松越野挑战赛，其作为在夏季运营中的一个大型活动，每年的越野跑挑战赛吸引了许多跑步爱好者参与其中；同时还为游客提供了山地运动及户外体验项目，包括山地自行车、山地越野跑、丛林穿越、山地徒步、真人 CS、滑翔伞、飞碟射击等，这些项目会将越来越多的人带到户外，带到山野中。还有户外运动基地、高山滑草、摄影基地、自有生态农场，来让游客享受田园时光。崇礼的气候特点是四季分明，这就使得这个地区不但适合冬季发展滑雪旅游，而且在其他季节还可以拓展到郊游、涉猎、避暑等旅游项目，具有庞大的综合旅游产业发展前景。

（三）滑雪场的运营

在当前社会的大环境下，各地居民的生活水平都呈逐年升高的趋势，滑雪作为一项旅游运动的热度也逐年提高，因而崇礼滑雪场得以持续吸引大量的滑雪运动爱好者。绝大多数滑雪爱好者会于双休日或是节假日来到雪场滑雪，而近年已经从以往只是靠近崇礼的京、津、冀三地的游客，扩展至四川、上海等全国各地。连原本就拥有地理优势的黑龙江省，也不乏滑雪爱好者到崇礼滑雪场进行滑雪体验。因崇礼滑雪场的逐年兴盛，现今张家口市已将"崇礼滑雪"确立为三大立市项目之一，同时也成了张家口市的著名旅游品牌之一。

（四）滑雪旅游成为崇礼主导产业

近几年，崇礼区的国民经济得到持续发展。伴随着京津冀一体化步伐的不断加快，崇礼区也进入了京津冀首都经济圈内，在现在纵横交错发达的交通网下，以后从北京、天津等地来的游客到崇礼所需要的时间仅在一个小时之内，这也极大地促进了崇礼经济的发展。全区的国民经济持续平稳增长，从 2011 年开始，全区的生产总值均超过了 30 亿，尤其在 2013 年达到了 383719 万元。2010 年全区生产总值为 237681 万元，2017 年增长到 321719 万元，年均增长率为 12.5%，其中第一产业、第二产业以及第三产业的增加值在崇礼区生产总值中所占的比重各为 16.1%、47% 和 36.9%。

第三节　河北省崇礼体育旅游业的资源评价

一、基础资源评价

（一）自然地理条件

崇礼滑雪大区的生态地位重要而特殊，是京津的生态安全屏障和北京的重要水源地，但同时也是生态敏感区，生态环境脆弱，预防灾害能力不强。崇礼滑雪大区内的三县地处河北、内蒙古交界的生态脆弱区，属于中温带半干旱大陆性季风气候区，气温较低，植被生长缓慢；降水量少，易发生干旱等自然灾害；降水集中于夏季，且多有暴雨，易引起洪涝、泥石流等灾害；该地区长期以来表现出生物多样性减少和生态退化的趋势，自我恢复能力弱，不合理的开发过程易引起不可修复性的破坏。

1. 地质

崇礼滑雪大区南北受尚义 – 赤城深断裂、康保 – 赤峰深断裂影响，形成沉降带与背斜交错分布的格局。

崇礼境内的大地构造，以尚义 – 赤城深断裂为界，因大地构造运动的差异性，形成两个构造特征截然不同的构造单元。尚义 – 赤城深断裂横穿崇礼，东西长约 60km，南北宽约 10km，由混合岩带、挤压破碎带构成。在断裂带南侧发生局部沉降，沉积了海相地层，形成局部的槽，称为燕山沉降带。

赤城位于天山－阴山纬向构造体系的东部，在大地构造单元上以尚义－赤城深断裂为界，南部为燕山宣（化）－龙（关）复向斜，北为内蒙古背斜驿马图－猫峪台凸，南邻军都复背斜，东南部边界一带为"山"字形构造体系，有赤城－后城断裂带。

沽源属中朝准地台，为内蒙古背斜土城子台拱、冀北陷断束所控制，南北受尚义－赤城深断裂、康保－赤峰深断裂影响，张北－高山堡断裂纵贯县境。

2. 地貌

崇礼滑雪大区属于多山地区，崇礼、赤城山地面积广布，落差较大，沽源整体海拔较高，起伏度相对较缓，具有高原地貌特征。

崇礼还有其天然独特的地形。其海拔高度为 814~2174m，山坡坡度为 5~35°，且崇礼面积达 2334km²，这就使滑雪区域足够宽广。崇礼受山地地形的影响气候特征表现为典型的小气候特征，年降雪量要比相邻的地区多很多，使崇礼区域内滑雪场造雪工作启动早，造雪进度快，人工雪雪质好，且不时有天然降雪补给，滑雪场对外开放最早，且持续运营时间较长。各项指数均符合国际滑雪标准，崇礼被评价为中国发展滑雪产业的理想区域。

赤城海拔在 500~1540m，四周高山环绕，境内山脉以靠近坝上高原的坝头为起点，向东南与横贯南部的大海陀山脉闭合，地势由东南向西北逐渐增高。全县地貌类型分为中低山地、丘陵、山间盆地、河谷阶地。

3. 气候

崇礼滑雪旅游产业的良性发展与其丰富的冰雪资源有着密切的关系。崇礼有着得天独厚的滑雪旅游资源。崇礼冬季的平均风速仅达二级，平均气温也只有 -12℃，对于滑雪运动来说是绝佳的气候环境。且由于崇礼地理位置的优越，拥有降雪时间早、雪期长以及雪质好的优势，每年的 11 月份开始，崇礼区便会迎来一年中的首次降雪，仅天然降雪量即可达到 63.5cm，全年积雪 1m 左右。崇礼区每年 11 月份进入雪季直到第二年的 3 月份，存雪期达 150 多天，使滑雪资源得到充分利用。

崇礼、赤城、沽源三地都属于中温带半干旱大陆性季风气候区，气候干旱。崇礼、赤城、沽源多年平均降水量分别为 483mm、417mm、401mm，我国半湿润区与半干旱区以 400mm 等降水量线来分，崇礼滑雪大区基本位于半湿润区与半干旱区之间。冬季漫长寒冷，降水很少，夏季增温迅速，全年降水大部分集中于夏季，春季雨雪少。

受地形、地貌的影响，崇礼滑雪大区不同区域间的小气候差异明显。崇礼分为东北部湿润寒温区、东南部湿润寒温区、西北部半湿润寒温区、西部干旱暖温区、西南部半干旱暖温区。赤城分为暖区、较暖区、温区、较温区、冷凉区。沽源由于森林覆盖率增加，小气候有所改善，降雨期延长，气温升高，冬季积雪量减少，出现暖冬现象，气候呈现为"冬天严寒，夏天酷热"之态。

4. 水资源

崇礼滑雪大区水资源不丰富，人均水资源占有量低，地表水资源较缺乏，分布有清水河、黑河、红河、白河、闪电河、葫芦河等河流。2012年，崇礼、赤城、沽源人均水资源占有量均低于国际公认的用水紧张警戒线1700m³，也远远低于全国人均水资源占有量2100m³。

5. 生态条件

崇礼滑雪大区森林主要分布在崇礼的红花梁地区，赤城与沽源交界处的冰山梁地区、黑龙山地区、赤城与北京交界处的大海陀山地区，以及赤城与承德交界处的山区。草地主要分布于沽源。

近年来，通过退耕还林工程、京津风沙源治理工程、天然林保护工程等生态工程建设，赤城的水土流失和土壤沙化得到一定治理，森林植被也有所恢复，有林地面积逐年增加。

沽源处于中国草原和稀树草原植被型组区域内，主要由耐寒的旱生多年生草本植物组成，在河川湿地发育有隐域性的湿地草原，花卉种类繁多。南部坝缘山地生长着成片的原始次森林，海拔较高的山坡或山顶分布着山地草甸植被。沽源不仅拥有以三河源为主的坝上高原内陆沼泽，还拥有沼泽化草甸型湿地资源，湿地生态系统功能较好。

（二）环境容量现状

1. 大气环境容量

张家口大气环境质量好。2014年，张家口市区空气质量总体达标天数为315天，占监测天数的86.3%，环境质量综合指数均值为4.91，居京津冀第一；全市主要流域水质监测断面功能区达标率达100%；张家口市中心城区二氧化硫（SO_2）年均值低于《环境空气质量标准》（GB3095—2012）中二氧化硫（SO_2）的年平均浓度二级标准限值（60μg/m³）。

2. 水环境容量

白河：主要监测指标均高于Ⅲ类地表水水质标准，部分指标已达到Ⅰ类或Ⅱ

类地表水水质标准，溶解氧、高锰酸盐指数、五日生化需氧量三项指标达到 I 类地表水水质标准，氨氮监测指标达到 II 类地表水水质标准。

主要采用 CODcr 浓度指标进行表征：

$$A_i = \frac{P_i - G_i}{P_i} \qquad (3\text{-}1)$$

式中，i 表示区域；A_i 表示 i 区域水环境容量指数；G_i 表示 i 区域 CODCr 断面监测值；P_i 表示 i 区域 CODcr 控制目标浓度［选取《地表水环境质量标准》（GB3838—2002）中化学需氧量（COD）的 III 类标准值：20mg/L］，当 $0 < A_i \leq 1$ 时，CODcr 水环境容量符合国家 III 类地表水水质标准，数值越大，CODcr 水环境容量越大；当 $A_i \leq 0$ 时，CODcr 水环境容量已经超出国家 III 类地表水水质标准，数值越小，CODcr 超标越严重，CODcr 水环境容量越小。

白河水环境容量指数 A_i 平均值为 0.475，水环境容量大。

二、滑雪旅游资源评价

（一）市场区位条件

习近平总书记在 2014 年再次强调落实京津冀一体化，是实现北京、天津以及河北共同发展的战略政策，要充分发挥北京的地理优势，辐射带动其余两地，以可持续发展为理念，科学合作，协同发展，围绕核心首都建设世界级城市群。李克强总理于十二届全国人大五次会议中指出，京津冀一体化能够有效加强环渤海与京津冀地区的经济合作，京津冀三地合作，发展医疗、养老等社会事业，提升区域基本公共服务的均等化水平，促进三地共同发展。例如，崇礼的定位为京津冀一体化发展所在的冀西北生态涵养区，该区域涵盖张家口、承德市以及燕山、太行山区，该区域工作重心是提升生态保障、水源涵养、旅游休闲、绿色产品供给等功能，完善绿色生态产业体系，构造京津冀生态安全的屏障，建设国家生态文明的先行示范区。崇礼不仅是奥运新城，也是国际休闲运动旅游城区，是京津冀贯通西北的综合交通中枢，也是京津绿色农副产品主要产地。京津冀一体化的发展策略势必推动崇礼区的发展进程，带动崇礼区旅游产业发展。

崇礼交通便捷，距离张家口主城区约 50km，距离北京 220km，距离天津 340km，2019 年京张高铁崇礼支线开始运行后，乘坐高铁从崇礼到北京的车程缩短至 1 小时之内，而到天津的时间也将缩短到 2 小时以内，同时，张家口军民合用机场也将投入使用，崇礼也始终坚持完善周边公路网络的建设，基础设施的强化保证崇礼进入首都一小时经济圈的立体交通体系之中，为未来接纳京津冀、全国以及国际游客奠定了良好的交通基础。

另外，众多滑雪爱好者会选择在冬季奥运会的筹备期前往崇礼各雪场滑雪，而由于崇礼所处地理位置靠近北京、天津，这就在更大程度上吸引了北京、天津的滑雪爱好者来到崇礼。因此，地缘优势为崇礼占领京津冀市场建构了一条十分便捷的通道。同时，京津冀地区本身为全国滑雪旅游的主要构成部分，其中又以北京首都为主，成了崇礼滑雪旅游市场的主导力量，而在冬奥筹备期间其便利的环境和交通为崇礼滑雪场取得了更大力度的引导和宣传，是保障崇礼滑雪旅游客流的关键。

（二）公路建设条件

近年来，京津冀三个地区致力于推动交通一体化。就公路而言，京津两地区间建成了"三主三辅"的高速通道，津冀间的公路已形成"三纵四横"的网络，城市间互相联通的公路网络初步形成；就铁路而言，京沪高铁、京津城际、津保铁路以及津秦客专已经成功建造并运营；就航空而言，京津冀三个地区的机场已经完成了对战略合作框架协议的签署，并且根据实际情况定期召开了启动会、推进会，京津冀三地区机场首次形成错位发展、合作共赢的局势。如表 3-3-2 所示，2008—2017 年间，河北省的公路通车里程、高速公路和地方铁路里程都在不断地增加，河北省交通的通达性在逐渐增强。由民用航空客运量可以看出河北省的航空发展迅速，铁路的客运量由 2008 年的 6816 万人增加到 2017 年的 11527 万人，增加了 4711 万人。由此可见，河北省的铁路交通发展也是相当的迅速。

表 3-3-2　2008-2017 河北省交通发展情况

年份	公路通车里程（km）	高速公路（km）	地方铁路里程（km）	客运量（万人）		
				铁路	公路	民航
2008	149504	3234	1605.4	6818	87746	59.4
2009	152135	3303	2152.8	7149	70579	76.7
2010	154344	4307	2124.1	7558	83289	156.8
2011	156965	4756	2172.4	7601	91877	229.6
2012	163045	5069	2174.8	7846	97218	272.0

续表

2013	174492	5618	2193.4	8762	93911	300.8
2014	179200	5888	2212.1	9571	51151	338.0
2015	184553	6333	2242.9	9706	43563	358.0
2016	188431	6502	2330.2	10771	39925	474.8
2017	191693	6531	2350.0	11527	75492	666.8

铁路方面，京张高铁于 2016 年开始投入建设，将于 2019 年底通车，全长 174km，时速最快达到 350km/h，此条铁路的航线上共有 10 个停车站，赛时仅花费大约 20 分钟即可从北京北站到达延庆，而从延庆出发抵达河北省崇礼区也仅仅需要 30 分钟，北京到崇礼滑雪交通总耗时为 50 分钟，纳入北京 1 小时交通圈，同时崇礼将成为距京最近的大型优质滑雪场聚集地之一，对京津客源市场拥有强大吸引力。同时，崇礼将把高铁站规划在距离奥运村一公里处的南侧，仅需要短时间的步行即可抵达奥运村。

（三）专业人才条件

为了给游客提供优质的旅游体验，崇礼区需要加强自身旅游服务的接待能力。2017 年，张家口市旅发委成立行业专家组，以《旅游饭店星级的划分与评定》这一国家标准，改造完善崇礼地区共 56 家酒店，并由专业人员进行验收评估，于 2017 年 12 月完成。评定后，崇礼区星级酒店为 33 所，四星级 3 所，三星级 10 所，二星级 20 所。

三、滑雪旅游人才资源评价——以太舞滑雪场为例

（一）滑雪场滑雪指导员存在的问题

1. 工作动机层次不高

工作动机决定了工作的态度，工作态度的好坏也反映出服务质量的高低。有调查显示，滑雪指导员做这份工作大多是为了经济收益、兴趣爱好以及强身健体，这些都是属于低层次的需求动机，滑雪指导员缺乏高层次的需求动机，会直接其工作态度导致其在工作上不热情、不积极，并且服务的质量也会比较差。还有的滑雪指导员在教学过程中总是敷衍了事，最终导致和消费者产生矛盾，发生不愉快，这对于崇礼区太舞滑雪场的形象大打折扣，这对我国的滑雪市场也会造成不

良的影响。

2. 薪资制度不合理

大部分的滑雪指导员对于薪资制度不太满意,薪资上不能够满足滑雪指导员,很容易导致滑雪指导员工作的态度以及服务的质量发生很大的变化,从而导致崇礼区太舞滑雪场的发展受到影响。因为对薪资不满意,滑雪指导员一天的工作状态会很不好,打不起精神,没有一点工作积极性,甚至在服务上还容易发生敷衍顾客的现象,导致顾客不满意,这些都是因为薪资造成的主要因素之一。

3. 服务质量较差

滑雪消费者对滑雪指导员的服务质量不太满意,而指导员对于自身的服务还比较满意,这说明指导员还没有深刻地认识到自身的问题。服务质量是消费者非常看重的一个环节,服务质量高,那么消费者就会很乐意在这里消费,服务质量不高,那么消费者通常不会二次消费,并且对滑雪场的印象分大大降低,致使大部分潜在顾客也不会来此消费,这对于滑雪场是一个非常大的损失,因此必须加强培训指导员的服务质量。

4. 专业水平不高

太舞滑雪场指导员虽然都具有专业证书,但是超过一半的都是初级指导员证书,这对于崇礼区太舞滑雪场的发展有很大的影响,指导员专业水平偏低就是对消费者的不尊重,如果不能把最基础的专业技术教给消费者,那么消费者就不能更好地体验到滑雪运动带来的乐趣。指导员专业水平不高导致滑雪场发展受到制约,只有加强培训提升指导员的专业水平,才有利于滑雪场更好地发展。

(二)滑雪场指导员培养策略

1. 加强宣传,激发指导员的正确工作动机

相关的政府部门应加大对滑雪运动宣传的力度,让更多的人认识到滑雪运动带来的好处,从而使滑雪指导员更好地融入滑雪运动中,不再因为自身狭隘的工作动机而工作,树立起正确的工作动机,进而促使滑雪指导员在工作中拥有更好的服务以及工作态度,这非常有利于滑雪产业的发展。

2. 完善薪资制度

要求相关的管理部门对薪资制度进行完善,对表现良好的滑雪指导者给予物质奖励,以此来提高滑雪指导员的工作积极性以及服务的质量,并且将薪资与服务评价挂钩,使滑雪指导员们认识到服务的重要性。对表现好的指导员还要经常在大会上给予表彰,让其成为模范带头先锋,使其有一种优越感,进而激发出其

他滑雪指导员的潜力，使太舞滑雪场有更好的发展。

3.加强考核，提高指导员服务质量

指导员服务质量的高低直接影响到滑雪场的发展。因此，相关部门与机构要对滑雪指导员的服务重视起来，要让滑雪指导员树立崇高的服务理念以及持有积极的工作态度，然后制定合理的奖励制度与激励制度，以此来激发滑雪指导员对工作的激情以及对服务的热情，要不定期对滑雪指导员进行考核，让管理人员以及消费者对服务进行评价，使其与自身薪资挂钩。

4.加强培训，提升指导员专业水平

发挥各级主管的作用，以此来改善崇礼区太舞滑雪场的培训方式。除了要对滑雪指导员进行理论知识、实践技术以及专业技术考核，还要按照太舞滑雪场的实际情况来设立相关的课程，让滑雪指导员们更好地学习和理解到专业技术，并且鼓励滑雪指导员自学，以此来提升自己的专业知识与技能滑雪辅导员在工作时间之外可以私下进行交流学习，取长补短。总之，要加大培训力度，改变整体滑雪指导员专业技术水平不高以及技术等级不平衡的现象。

第四节　河北省崇礼体育旅游业的市场分析

一、滑雪旅游市场现状

张家口滑雪旅游游客呈现明显的近域分布特征。国内滑雪游客主要来自以北京为核心的京津冀地区，其中北京游客比例超过 75%，天津游客比例近 20%，石家庄、张家口等河北省城市游客比例近 4%，其他如山西、内蒙古、河南、山东等周边地区游客也有增加，但比例非常小。同时，也有少量游客来自冰雪运动发达的东北地区以及距离张家口较远的海南、四川、广东、上海等地区，说明张家口滑雪旅游资源有良好的口碑。

国外客源以日韩竞技训练客源为主，虽有部分其他地区的散客，但总量很小，国外客源市场尚未得到有效开发。

（二）滑雪游客以高收入、高学历群体为主

目前，企事业单位管理人员、公务员等是滑雪旅游的主要消费群体（53%）。被调查者普遍具有较高的文化水平，被调查者中具有大专及以上学历的占 52%，

具有高中以上学历的约占 81%。

（三）营销渠道和手段仍需拓展

对滑雪景区及核心市场所做游客问卷调查显示，获取崇礼滑雪大区滑雪旅游产品信息的渠道首推行业及群众自发的口碑宣传（约为 50%），其次为旅行社（约 20%）。此外，还有网络、户外广告等渠道。与之前相关数据相比，除口碑宣传外，其他形式的宣传渠道有所增加，这主要得益于张家口市近期对滑雪旅游宣传的大投入，尤其是公交车体广告等户外广告投入较大，且这些宣传对提升崇礼滑雪大区滑雪旅游品牌的知名度已产生一定影响。但对北京客源市场所做调查显示，与亚布力滑雪场等国内知名滑雪场相比，崇礼滑雪大区滑雪旅游产品的知名度仍较低，在未来旅游产品开发中要继续关注产品质量，保持较高的美誉度，同时积极拓展营销渠道。

（四）各类旅游资源的知名度

游客问卷调查分析及日常接待情况显示，在崇礼滑雪大区拥有的各类旅游资源中，游客最感兴趣的旅游资源依次为滑雪、草原、森林、长城、温泉、民俗文化活动等。

（五）对主要滑雪场的满意度较高

游客在崇礼滑雪大区主要滑雪场的评价中，对崇礼滑雪大区生态环境（72%）、雪场环境（70%）、雪场设备（70%）、服务（73%）、交通（83%）、住宿（74%）、通信（77%）、购物（73%）的满意度都在 70% 以上，只有对产品综合性价比（68%）、餐饮（67%）、滑雪项目（66%）、其他娱乐设施（65%）的满意度低于 70%。

二、主要客源市场分析

在崇礼滑雪旅游产业的发展过程中，主要客流来源于京津冀。根据北京市统计局的官方数据显示，北京市内常住人口 2018 年达到 2154.2 万人，包含外来常住人口，其中外来常住人口数达到了 764.6 万人。

由河北省统计局的官方数据显示，2018 年年末全省常住人口数为 7556.30 万人，比上年末增加 36.78 万人。接待国际游客 175.8 万人次，旅游外汇收入 8.5 亿美元，同上一年相比各增长了 9.7% 和 11.7%；接待国内游客 6.8 亿人次，创收

7580.2 亿元，分别增长 18.5% 和 24.5%。旅游总收入 7636.4 亿元，增长 24.4%。

据天津市统计局统计结果证明，到 2018 年末为止，天津市常住人口为 1559.60 万人，其中，外来人口 499.01 万人。全年接待入境旅游者 198.31 万人次，其中外国人 175.98 万人次，其中入境旅游收入达到 11.10 亿美元。接待国内游客 2.27 亿人次，比上年增长 9.1%；国内旅游收入 3840.89 亿元，增长 16.7%。

京津冀常住人口总数高达一亿多，加之每年外来人口与入境旅游人口总数庞大，为崇礼滑雪旅游的产业发展打下了坚实的客流基础。从崇礼区现在的滑雪旅游发展规模来看，凭借丰富多彩的滑雪旅游资源吸引了众多游客，又由于当前旅游产业的需求范围广，滑雪旅游的发展进程加快，使得滑雪旅游市场整体发展向着集群方向进行。

京津冀三个地区 2010—2017 年的居民平均消费水平持续上升。如表 3-4-1 所示，从 2010 年至 2017 年，北京城镇居民人均消费支出由 19934 元增加到 40346 元，增加了 20412 元；另外农村居民的人均消费从 10109 元增长至 18810 元，上涨了 8701 元。天津城镇居民人均消费支出由 16562 元增加到 30284 元，增加了 13722 元；农村居民人均消费由 2010 年的 5606 元增加到 2017 年的 16386 元，增长了 10780 元。河北城镇居民人均消费支出由 10318 元增加到 20600 元，增加了 10282 元；农村居民人均从 3945 元消费支出增长至 10536 元，增长了 6591 元。京津冀三地的居民人均消费支出在不断地增加，说明居民生活水平提高，有剩余的钱用于其他消费。

表 3-4-1　2010—2017 年京津冀居民人均消费支出水平单位：元

年份	北京		天津		河北	
	城镇居民人均消费支出	农村居民人均消费支出	城镇居民人均消费支出	农村居民人均消费支出	城镇居民人均消费支出	农村居民人均消费支出
2010	19934	10109	16562	5606	10318	3945
2011	21984	11078	18424	6725	11609	4711
2012	24046	11879	20024	8337	12530	5364
2013	26275	13553	22306	10155	13641	6134
2014	28009	14529	24290	13739	16204	8248
2015	36642	15811	26230	14739	17587	9023
2016	38256	17329	28345	15912	19106	9798

续表

年份	北京		天津		河北	
	城镇居民人均消费支出	农村居民人均消费支出	城镇居民人均消费支出	农村居民人均消费支出	城镇居民人均消费支出	农村居民人均消费支出
2017	40346	18810	30284	16386	20600	10536

数据来源：《河北省经济年鉴》（2010—2017）

（一）京津冀都市圈

京津冀地区人口密集（2015年总人口为1.1亿人，其中3000多万人为城市居民）、经济发达，居民的旅游意识很强，旅游消费水平居全国前列，是国内三大旅游客源地之一。同时，京津冀地区道路交通体系完善，交通便捷，具有庞大的潜在滑雪旅游客源市场。

1.北京客源市场需求特征与潜力

北京位于张家口东南部，距离约150km，约2小时车程；距离崇礼约249km，约3小时车程，高铁通车后此距离可缩短至40分钟，2小时就可到达崇礼滑雪大区。以北京为核心，不断延伸和完善的高速公路及铁路网络大大缩短了崇礼滑雪大区与北京客源市场间的距离。作为世界级大都市，北京2015年周边游出游人数达4700万人次，绝大部分出游居民以休闲度假、观光为目的，消费人群为北京周边城市带来了巨大的商机。而张家口以便利的交通、完善的滑雪设施成为北京居民周边游的首选之地，所以北京是张家口滑雪旅游的核心客源市场。

（1）居民年龄与职业结构

第一，仅从年龄因素考虑，2015年滑雪旅游重要潜在客源约1063万人，拓展潜在客源约803万人（以20~44岁为重要潜在客源，5~19岁、45~64岁为拓展潜在客源）。

参与滑雪需要以一定的身体素质为基础，因此滑雪游客年龄主要集中在25~40岁，这一年龄段的游客身体素质相对较好，且随着生活水平的提高，这一年龄段的范围将会向两端延伸。

（2）旅游消费特征

第一，旅游消费意识强，容易接受新鲜事物。年龄、收入、受教育程度等因素成为促进滑雪旅游需求迅速增长的助推器。

人们的旅游消费过程受消费意识的支配和控制，而其消费意识则由消费心理、消费观所构成。消费观为人们的消费活动提供模式，消费心理则直接影响着人们现实和具体的消费行为。滑雪旅游在我国兴起时间较短，且价格较高，对国内消费者来讲是一项比较新鲜的高消费旅游活动。因此，年龄、收入、受教育程度是影响滑雪旅游需求的三个最重要的因素。

第二，旅游消费能力总体较强，对滑雪旅游产品的购买力强。

消费能力是指人们为满足旅游需求而进行消费活动的能力，它既包括人们生理上的消费能力，又包括人们获取一定量消费的经济能力。北京居民对旅游产品的需求与其可支配收入呈正相关，与家庭恩格尔系数呈负相关。随着可支配收入的日益增加和家庭恩格尔系数的持续下降，居民用于旅游消费的支出越来越大。因此，对总体消费相对较高、需要有较高经济实力支撑的滑雪旅游来说，北京居民具有较强的消费能力，是滑雪旅游的重要客源。

（3）针对北京客源市场的开发建议及潜力预测

第一，北京客源市场旅游消费趋于理性，张家口滑雪旅游开发应发挥比较优势，做好环境影响评价和生态环境保护规划，确保生态环境和自然资源的可持续利用；对旅游资源进行合理组合，进一步丰富自身产品线。

第二，针对大众市场对距离和交通的关注，通过宣传营销消除心理距离，使其有这样一种认识：去张家口滑雪旅游与去北京远郊区滑雪旅游在时间距离上相差无几。同时，努力在道路基础设施等硬件上缩短景区和客源地之间的时间距离和经济距离。

第三，加强散客需求较多的旅游公共服务体系建设，完善旅游城市的旅游功能，如问询中心、旅游专线与专车、道路标识等，增加旅行社的散客服务功能，设计提供适合所有家庭成员消费的旅游产品组合。

第四，引进和培育高品质旅行社企业，做好团队滑雪游客的接待工作。

第五，完善住宿、餐饮等配套设施，进行特色化建设。

第六，加大营销力度，拓展营销渠道，提高知名度。

第七，阶梯式定价：为高端目标市场打造高质量产品；为大众目标市场提供质价相符产品。

第八，加强专业教练、安全保障等方面的宣传，逐步消除潜在大众滑雪旅游客源对滑雪旅游安全性的认识误区。

2.天津、河北客源市场旅游消费特征及市场潜力

天津的经济发展水平及居民旅游消费能力较北京稍低，但近年来天津居民国内旅游出游率一直呈现较高增长趋势。同时，天津周边滑雪场建设开始蓬勃兴起，

居民对这种旅游产品已经开始产生浓厚兴趣。从整体上来讲，虽然河北旅游消费能力低于北京和天津，但石家庄等省内大中城市的居民旅游消费水平较高，已具备向滑雪旅游等中高端旅游产品转移的消费能力，应通过完善道路交通系统、加强宣传营销、有针对性地提供大众滑雪旅游产品等措施来开拓客源。

（二）以广州为龙头的珠三角地区

珠三角地区是我国经济最发达的地区之一，2018 年，珠三角地区人口共计6300.99 万人。珠三角地区居民具有强烈的出游意识。居民普遍对自然风光旅游资源很感兴趣，喜欢去国内较为著名的旅游地旅游，居民旅游率居全国之首。居民外出旅游方式多以参加旅行团为主，交通多以飞机为主，旅游消费水平较高。张家口的居住环境和生活方式与珠三角地区有较大差别，这种差异性使得张家口对珠三角地区居民具有较大的吸引力。随着交通、食宿等旅游设施的完善及服务水平的提高，珠三角地区将会成为张家口重要的潜在客源市场。

（三）国外主要客源市场旅游消费特征

1. 市场概况

（1）日本和韩国客源市场

目前，张家口滑雪旅游的国外客源主要是日本、韩国等东亚国家的竞技滑雪训练客源，这也是未来张家口拓展国际滑雪旅游市场的核心。

日本经济发达，国民旅游购买力强，是全球前几位的客源输出国，且与中国有着复杂紧密的地缘关系和文化渊源。日本年滑雪人数已达 1000 万人次，国内滑雪参与率达 10%，是张家口滑雪旅游最具潜力的国际客源市场之一。

虽然日本、韩国的滑雪设施及服务均是一流水平，对张家口拓展东亚地区客源市场形成强有力的竞争，但 2011 年发生福岛地震及核泄漏事故后，日本滑雪旅游业受影响较大，这对张家口开拓日本客源市场是一个机会。可加强张家口航空等基础设施建设，并与国内其他已与日本通航的城市（如北京、上海、西安等）进行联合营销，吸引日本游客来张家口旅游。

（2）欧美客源市场

欧美游客崇尚自然、自由、灵活、新奇的旅游，多采用航空飞行的出行模式，对目的地的交通要求极高。同时，欧美客源输出量位居全球前列，不仅有较高的出游率，且消费能力较强。欧美游客在住宿上倾向于星级饭店，不仅要求饭店符合食品卫生标准、具有高质量的服务水平，还向往原始、安静、自然、生态的环境。美国旅游分销体系发达，游客通过计算机预订系统、网络营销购买旅游产品的比例高；还有很多欧美游客通过旅游代理商或批发商购买旅游产品。张家口观光休闲旅游潜力依然很大，滑雪、探险等特种旅游产品以及参与性强的旅游产品的市场前景广阔，2018 年，美国滑雪人次达 1100 万，欧洲滑雪人次超过 2000 万。因此，加强交通系统建设，完善旅游网站，重视对旅游代理商和旅游经营商（批发商）的直接营销与合作，以及将浓郁的中国特色文化型旅游项目与滑雪旅游相结合，共同开发，将有利于拓展欧美市场。

2. 滑雪旅游市场需求预期

对于张家口来说，应利用民俗文化、生态环境为竞争优势，扩大对日本、韩国游客的吸引力；开展滑雪旅游、民俗旅游、生态旅游等多种旅游产品结合的复合型旅游，占领客源市场。此外，北京是韩国游客来华旅游的主要目的地之一，张家口在拓展北京客源市场的同时，也可以吸引一部分韩国游客在北京中转后来张家口旅游。

三、滑雪体育旅游市场中发展机遇

（一）政府政策支持，冬奥引力明显

国务院在 2014 年颁布的第 46 号文件（《关于加快发展体育产业促进体育消费的若干意见》）中，提出"要制定冰雪运动规划，加强引导社会力量主动建设冰雪运动场地，以促进冰雪运动的繁荣发展，形成新的体育消费热点。"同年，习近平总书记也再次提到进一步落实京津冀一体化，利用北京的地理优势，对天津、河北两地发挥辐射带动作用，实现一体化共同发展的战略政策，由此可见，国家对体育产业、滑雪体育旅游产业方面的发展十分重视，已将全民健身上升到国家战略层面。在这种政策基调下，崇礼应抓住机遇因势利导，牢牢把握政策、冬奥、市场三重红利，根据崇礼滑雪体育旅游发展的自身情况，制定其系统全面的发展对策，实现崇礼从多年前的贫困县到滑雪体育旅游知名目的地的跨越式转型。

（二）自主旅游时代到来，旅游市场份额的增加

我国已经步入自主旅游时代，人们生活水平的提高，自由可支配时间、收入的增加，交通工具的革新，受教育程度的提升，这些无疑是为旅游消费市场的繁荣奠定了物质经济基础。而在北京、上海、江浙、广东等一些经济发达地区，休

闲旅游正在成为一种潮流。

随着滑雪运动逐渐被国人所认识和接受，滑雪在我国也正在成为一个具有广阔市场前景的产业。而随着我国居民收入的大幅度增长和带薪休假人员的增多，也将极大地刺激滑雪旅游产业的发展。有关专家表示，滑雪产业从初始期走向成熟期，国外用了二三十年的时间，而我国按目前的经济发展速度，在未来 15~20 年间将可能迎来滑雪产业的鼎盛时期。根据国家旅游局统计，从 2001 年国人的旅游趋势已经逐渐开始从观光型转向休闲型，其中选择滑雪运动进行休闲健身的，在广大的 18~40 岁公众之间，正在成为一种时尚。

四、目标客源市场选择与规模预测

针对国内客源市场，近期重点发展一级市场，加快一级市场的开发速度，在旅游营销中遵循"重点突出，全面发展"的原则，在对北京、天津等京津冀地区中心城市客源市场进行重点营销的同时，逐步延伸到华北、长三角、珠三角等地区的中心城市。针对国际客源市场，近期重点开发日本、韩国等东亚滑雪竞技训练客源，并逐步向大众滑雪旅游客源拓展。针对欧美等具有滑雪旅游传统的客源市场，近期重点开拓在华（尤其是在北京、天津等一级中心城市工作和生活的欧美人士）欧美籍客源市场，中远期则可逐步拓展欧美来华旅游市场，尤其是以北京、天津、上海等一级中心城市为主要旅游目的地的欧美游客，通过针对性营销，吸引他们来河北省崇礼滑雪大区旅游。

第四章　河北省崇礼滑雪大区体育旅游的发展规划

本章主要介绍河北省崇礼滑雪大区体育旅游的发展规划，主要从滑雪旅游发展应坚持的原则、滑雪旅游周边产品规划、滑雪旅游形象设计与市场营销策划、滑雪旅游城镇发展规划四个方面进行论述。

第一节　滑雪旅游发展应坚持的原则

一、生态环境和资源保护原则

（一）必要性

根据滑雪运动本身的特点，滑雪场通常选在自然环境良好的山地，建设过程中会不可避免地破坏原有环境，增加人为干扰，改变原有生态系统结构，给生态系统带来很大压力。

提高旅游者的保护环境意识，也是生态旅游产品的主要功能之一。发展生态旅游，要发挥其环境教育功能，通过旅游活动提高旅游参与者的环境意识，将环境教育贯穿整个生态旅游过程。通过提高人们的环保意识，达到在享受大自然美丽风光的同时保护环境和资源，这是生态旅游活动的基本要求。

良好的生态环境、丰富的旅游资源是生态旅游发展的基础，也是其持续发展的保证。因此，要积极有效地保护生态旅游目的地的景观多样性、物种多样性、生态系统多样性和旅游资源的可持续性，以及"文脉"的延续性、文化的完整性等，使生态旅游业和生态旅游环境资源均得以良性循环发展。

生态旅游强调对旅游资源的科学管理和保护。坚持以可持续发展理论为指导，以保护旅游资源为目标，以保持旅游资源的完整性为最高标准。在规划设计时认真分析、仔细论证、用心设计，使旅游设施与自然环境达到和谐统一；进行二次开发时应保证与主体景观相协调。

（二）对策

1. 加强对环境保护工作的领导

环保部门应加强对滑雪区的环境保护，严格审查各个滑雪场环境保护规划，做到从总开发源头对环境破坏进行有效控制。明确环境保护相关部门的管理责权，明确崇礼滑雪大区内各个滑雪场的环境保护范围和职责。同时，政府相关部门应制定相应的环境保护奖惩制度，做到轻污重责，切实可行地保护滑雪区内的生态环境。

2. 加强环境保护监督力度

滑雪场实施环境质量公告制度，定期公布各部门有关环境保护指标，发布滑雪场空气质量、噪声、饮用水水源水质、流域水质和生态状况评价等环境信息，及时发布污染事故信息，为公众参与环境保护创造条件。制定公众与滑雪场环保管理部门联合互动监督机制，共建联合监督平台，促进滑雪场环境保护。

3. 开展工作人员、游客及居民保护环境活动

滑雪场旅游区进入的主要人群为工作人员、游客及当地居民，滑雪场环境生态保护与三类人群的活动有着紧密的联系。首先，滑雪场工作人员是滑雪场环境保护的主导者，在整个过程中起主导作用，为此应对滑雪场所有工作人员进行环境保护知识的普及，对环境保护从业人员进行培训，特别是涉及废水、污水、固体垃圾、有害气体产生的部门的从业人员（餐饮部、酒店、器械维修、锅炉房、保洁等）更需时时培训，并规范其操作流程；其次，滑雪场的开发与开发区内及周边的居民有着紧密的关系，滑雪场与当地居民共同拥有滑雪场良好的生态环境，因此两者也同时具有共同保护滑雪场生态环境的责任，滑雪场环境保护部门应适时向居民宣传环境保护知识，为其提供环境保护技术及一定经费，以达到共同参与维护的效果；最后，滑雪游客、观光游客等是滑雪场的消费主体，人数也是三类人群中最多的，他们的环境保护意识在很大程度上影响滑雪场环境保护的效果。因此，应在公共服务区、宣传视频、旅游地图、门票、餐票及其他物品（滑雪游客消费使用的载体）上明显标识滑雪场环境保护的态度、举措及技术，引导滑雪旅游、观光旅游等消费人群一同参与滑雪场环境保护。

4.增加环保科技投入

随着科技的发展，新的污染源不断出现，现有的环保技术将迎接新的挑战。为此滑雪场应与环保部门、环保科技部门及科学院校紧密合作，不断引进新的技术，提高滑雪场环境保护力度，以最大限度减少滑雪场环境受到的破坏。同时，滑雪场环保管理部门要及时、不断向工作人员、当地居民与滑雪旅游、观光旅游等的游客宣传普及新引进的环保技术，使其掌握相应的环保技术，提高环保意识。

二、市场需求原则

在市场经济体制下发展生态旅游，一定要根据市场需求来确定开发的主题、规模等。在开发生态旅游产品前，首先要对开发地区的旅游市场进行调查和预测，准确掌握市场需求，了解竞争状况，进而结合自身资源特色，确定与其相匹配的客源市场。

随着经济社会的发展，人们生活水平显著提高，对旅游需求的个性化、多样化趋势日益明显。生态旅游产品开发必须将市场需求与资源条件相结合，通过准确的市场定位，开发出一系列独具特色的旅游产品，满足不同消费群体的需求。

三、参与性原则

随着旅游业的发展与完善，旅游者对旅游活动的参与度要求日渐提高，不再仅仅满足于从旁观赏，而是越来越喜欢亲身参与到各项活动之中。因此，开发生态旅游产品，不仅要满足旅游者欣赏自然风光、了解人文景观的要求，还要注意提高游客自主参与的程度，满足旅游者获得更多旅游体验的需求。通过加入消遣娱乐性、参与性强的项目，使旅游者亲身体验回归自然的愉悦。研究表明，参与性强的生态旅游产品能带给旅游者更明显、更强烈的感官刺激，使其获得更生动的体验，留下更深刻的印象。

四、特色性原则

想要在激烈的市场竞争中脱颖而出，凸显旅游产品的特色是旅游企业必不可少的制胜法宝。鲜明的特色能给游客留下更深刻的印象，从而扩大旅游产品的影响力，吸引更多的游客前来。旅游企业要积极寻找当地旅游资源的特色，取其精髓融入生态旅游产品中，并加以强化和突出。同时，企业在生态旅游产品的开发模式上要有创新精神，不能被传统的旅游观光模式所限制，从内容到形式，从细节到整体，都要大胆创新，要有较大突破。要因地制宜充分利用本地区的优势和独特条件创造性地开发新的、有特色的生态旅游产品。

五、安全性原则

滑雪场首先需要做的便是改善雪的质量问题，要定期检查雪的质量情况，对雪道上的冰和土块等异物及时进行清理。规劝技术较差的初级和中级滑雪者在适宜的线路滑行，要在滑雪场设置一些救助装备，用来保障出现事故时可以及时救治伤者和解决问题。同时提供天气情况资料，在特殊天气的时候要停止训练或者运动，不能因为是高级滑雪者就随意进行运动。在能见度很低的情况下应停止进行运动，可以播放旋律优美的音乐调整滑雪者的心态，增进滑雪的兴趣，不要让滑雪者觉得枯燥无味，以免造成不必要的运动损伤。同时可以巧妙地运用广播宣讲滑雪规则，提醒滑雪者做好安全防护，增强其安全意识。

第二节　滑雪旅游周边产品规划

一、滑雪旅游产品介绍

冰雪旅游产品既有一般旅游产品的特征，也有其独有的特征。冰雪旅游产品有季节性、地域性、观赏性和参与体验性等特征，由于高科技技术的高速发展和冰雪旅游的迅速发展，冰雪旅游产品的季节性和地域性特征越来越不明显，如室内滑雪滑冰场等的建设打破了季节和地域的限制，而冰雪艺术、雾凇等观赏性的冰雪旅游产品在国内众多省份旅游产品中是比较常见和基础性的，多数游客以观赏冰和雪景的形式参与到冰雪旅游之中。目前，参与体验性的体育运动类产品是国内冰雪旅游的主要产品，从国内滑雪滑冰场数量就可以看到越来越多的游客参与其中，并且我国已经成为世界上初级滑雪场最多的国家，这足以表明参与体验式的体育运动类产品是冰雪旅游的主要产品。

冰雪旅游产品特征决定了其冰雪产品类型，目前冰雪旅游产品分五大类型，分别是观赏型、休闲型、赛事型、节庆型和民俗型，冰雪旅游产品在初级开发阶段多数以冰雕、冰灯等人工开发产品和雾凇、冰川等自然冰雪产品为主。随着冰雪旅游的大众化，体育赛事、冰雪节庆、休闲度假等产品的开发越来越多，在体育赛事类产品中游客不仅能观赏体育比赛也能参与其中；在冰雪节庆中既能感受节庆氛围，也能短时间内了解到当地的冰雪与民俗文化；休闲度假类产品中不仅能体验滑雪运动的魅力，还能享受一系列度假休闲产品，比如街头音乐或泡温泉等。冰雪旅游产品从单一的赏雪赏冰、玩雪玩冰到今天形式多样的冰雪节庆、体育赛事、休闲度假等，可以看出其产品经历了从观赏到参与体验、从低端到高端、从大众化到个性化的变化。

综上所述，"旅游产品"并不只是单独指代某一项物品或服务，而是在特定环境下所有物品和服务的总和，因此将"滑雪场产品"界定为：滑雪场依托自身滑雪资源吸引消费者前来体验滑雪运动并提供满足其全程各项需要的设施、物质产品以及服务的总和。

二、滑雪旅游产品开发理念

（一）基本设计理念

1. 冰雪、清凉

围绕冰雪理念，综合配置冬季滑雪旅游系列产品；依托夏季清凉气候资源，配置度假、观光等旅游产品，实现崇礼滑雪大区的四季旅游。

以冰雪美景、冰雪运动、冰雪休闲、冰雪时尚为基本理念，营造冬季冰雪旅游体验氛围；依托资源优势，打造北京世界城市冰雪旅游国际品牌；以滑雪为核心，综合配置冰雪观光、冰雪运动、冰雪娱乐、冰雪度假、冰雪温泉、冰雪健身系列旅游产品；以高端化服务推动高质量发展，发展商务旅游、会展旅游等高端旅游，为游客全方位地提供冬季冰雪环境下追逐时尚、完善自我、修养身心的产品体验。

以清凉乐园、阳光运动、绿色养生、休闲度假为基本理念，面向京津及周边夏季避暑度假旅游市场需求，承接冬季冰雪旅游理念，打造夏季清凉旅游特色，配置观光、运动、温泉、休闲、娱乐、度假等系列旅游产品，打造北京世界城市夏季避暑度假旅游胜地，实现冬季冰雪旅游产品向夏季避暑度假旅游产品的全面转化。

2. 运动、休闲

以滑雪、高尔夫等高端休闲运动带动崇礼滑雪大区高端系列产品发展。

以运动理念为核心，叠加冰雪与清凉理念，综合配置四季运动健身旅游产品，打造冬季滑雪精品品牌与夏季高尔夫高端品牌；全面开展四季大众运动健身活动，打造京津山地健身运动旅游品牌与产业集聚地。

以温泉、冰雪、避暑、休闲、度假理念为支撑，结合运动理念实现旅游产品的动静结合，配置系列化休闲旅游产品，打造京津休闲之都。

3. 生态、文化

全面展示崇礼滑雪大区自然生态资源、历史人文资源，培育以体验为核心的区域旅游产品。

旅游产品的打造以生态为核心理念，应确保与自然环境的和谐关系，并为游客提供与自然亲近的生态体验。

旅游产品的打造以文化为灵魂，应突出时尚文化、世界多元文化，同时结合当地长城边塞文化、农牧通商文化、草原民族文化、民俗风情文化，不断深化游客对旅游产品的文化体验。

（二）产品配置目标

1. 打造东亚冬季冰雪运动休闲旅游胜地

以滑雪旅游为先导，以冰雪旅游体验为主题，全面打造体验式、高端服务化、国际化系列冰雪旅游产品，将冰雪旅游做大做强，成为中国第一、亚洲前列、世界著名的国际冰雪运动基地和滑雪旅游胜地。

2. 打造京津冀都市圈四季生态后花园

突出旅游产品市场定位，突出夏季旅游产品清凉避暑主题，全面开发运动、观光、休闲、温泉、度假等四季旅游产品；依托滑雪旅游品牌与旅游景区美誉度，打造京津冀都市圈四季生态后花园，最大化地实现旅游景区设施在冬季、夏季之间的共享与转换。

3. 打造北京世界城市商务休闲中心

服务北京世界城市建设，依托国际运动赛事，开发国际滑雪、国际高尔夫、国际骑术、温泉休闲、别墅度假等高端旅游产品，积极开拓商务旅游、会展旅游、奖励旅游等高端旅游产品市场，以旅游景区的高端服务吸引京津高端商务人群，不断提升张家口滑雪胜地的品牌形象。

（三）旅游产品开发总体思路

开发深度旅游产品，并进行产品组合，形成营销体系，构建有序发展、配置合理的滑雪旅游产品体系，以高端服务营造景区核心竞争力。

将避暑打造成与滑雪齐名的旅游品牌，形成兼顾冬季旅游产品与四季旅游产品的开发布局。

服务北京世界城市建设和北京世界旅游城市建设，开发具有国际一流服务水平的特色旅游产品。

三、滑雪旅游产品体系开发框架

（一）提升滑雪体育旅游的品牌个性化

崇礼可通过加强冰雪文化与当地民俗的融合，强调民俗的历史特色。根据滑雪旅游资源和当地自然风光、民俗风情的有机融合，深入探索冰雪文化和地域文化的特点，创造具有地域特色的滑雪体育旅游品牌。结合崇礼滑雪、沽源湿地、赤城温泉、坝上草原等旅游资源，整合"打溜子""秧歌""跑驴"等崇礼社火，通过创新当地旅游产品和滑雪旅游结合形式，打造属于崇礼的独特滑雪旅游品牌。

同时，4 个月的雪期约 120 天的滑雪期对全年旅游产业来说只是一个重要的组成部分，是全区旅游产业的支柱，但冬季旅游并不能成为旅游产业的全部，在非滑雪季节崇礼体育旅游发展面临激烈的竞争，发展较为缓慢，因此要利用好崇礼旅游资源的独特优势，发挥其春季赏花、夏季避暑、秋季观景等特色，开发非滑雪季节的旅游产品，缩小淡旺季之间的落差，提高设备、设施的利用率也是决定崇礼滑雪体育旅游能否得到快速发展的关键因素。

（二）延长其产业链，打造"滑雪 +"的产业布局面

对开发建设上出现的特色挖掘不足、无序竞争、低级重复性建设现象严重、以及横向开发不足，纵向深度不够等问题，可以通过延长崇礼区滑雪旅游产业链，打造"滑雪 +"的产业布局来进行改善，不断丰富滑雪旅游产品，积极将崇礼区滑雪旅游产业链向长延伸，向宽拓展。"多业并举"，整合资源，以雪场景区和冰雪文化新区为依托发展夜经济，培育休闲、度假、运动、疗养、护理为一体的康养产业业态，引进、扶持一批以冰雪为主题的摄影基地、创作基地、影视基地等文化创意产业，发挥崇礼区滑雪旅游资源的最大优势，以此增加滑雪旅游产值，提高滑雪旅游的经济影响。

1. 加强体育与旅游的融合。

积极发展骑行、登山、房车露营、皮划艇、桨板、滑雪、滑翔伞、热气球、全地形越野车、越野摩托等健身型体育旅游产品；发展更多具有地域特色的自主品牌体育赛事，有条件的旅游度假区积极争取举办更多大型全国性、国际性体育赛事。

2.加强体育与旅游、教育的融合

依托旅游度假区的滑雪场设施、高尔夫球场、户外营地、体育运动基地等体育场所，建立滑雪学院、高尔夫学院、青少年研学基地等，进行体育运动培训。

3.加强体育与旅游、科技的融合

加强 5G、AR、VR、MR、AI 等高新技术在体育运动中的应用，积极开发VR 高尔夫、VR 滑雪、智能体育赛事等体育旅游产品。

4.加强体育与旅游、康养的融合

利用温泉、森林等自然资源，开发具有康养功能的温泉瑜伽、森林瑜伽等康养型体育旅游产品。

5.加强体育与旅游、文化的融合

积极开发以体育表演、体育景观为基本内容，以体育观赏为基本形式的体育旅游产品。

6.加强体育与旅游、农业的融合

积极开发以农业采摘为特色，融入体育赛事活动的体育旅游产品。

（三）打造高端休闲旅游产品

以滑雪旅游为核心，全面打造滑雪冰雪体验精品游（SKI&SNOW）、夏季避暑休闲度假游（SUMMER）、温泉养生游（SPRING）、运动休闲游（SPORT）、生态观光游（SIGHTSEE）、山地森林游（SILVA）、历史文化游（CIVILIZATION）、商务会展游（COMMERCE）、节庆精品游（CELEBRATION），构建"6S3C"滑雪旅游产品体系，开发深度旅游产品，整合各类滑雪度假区、滑雪场及雪上娱乐场等，以各种营销方式面向市场，打造品牌产品，形成一个有序发展、配置合理的滑雪旅游产品体系，营造景区核心竞争力。

（四）完善四季旅游产品体系

打造四季旅游产品链。重点打造以滑雪精品游、冰雪体验游、温泉体验游为主体的冬季滑雪冰雪体验精品游产品体系，同时积极培育山地森林游、文化体验游、生态水趣游、商务会展游、节庆精品游、休闲度假游为主的四季生态文化体验游产品体系，实现四季旅游产品的整合和全面发展。

积极培育夏季避暑休闲度假游、温泉养生游、运动休闲游、生态观光游、山地森林游、文化体验游、商务会展游、节庆精品游，打造春、夏、秋旅游产品，在推进滑雪旅游发展的同时，将避暑打造成与滑雪齐名的旅游品牌。

景区设施建设实现四季旅游服务功能，形成兼顾冬季旅游产品与四季旅游产品的开发布局，打破单纯依靠滑雪旅游、不能有效开发利用自然生态资源的现状，由"一季红"向"四季火"转变，力争改变旅游淡季过淡的局面，实现四季旅游的协调发展，确保滑雪旅游景区的可持续发展。

（五）服务北京世界城市

突出崇礼滑雪大区滑雪、避暑、国际商务三大旅游特色，服务北京世界城市建设和北京世界旅游城市建设，开发具有国际一流服务水平的旅游产品，突出旅游产品的国际化特色。其中，万龙滑雪场突出中国龙文化，多乐美地山地运动度假区体现意大利风情，长城岭滑雪场营造法国文化氛围，密苑云顶乐园突出马来西亚和加拿大特色与风情，摩天岭滑雪场与温泉相结合融入日本特色，冰山梁滑雪场可展示韩国风情。重点开发商务会展游、科技教育文化游、假日运动休闲游、家庭游、自驾游、节庆游等旅游产品，将旅游产品与大都市假期进行紧密结合、合理配置。

四、旅游产品开发规划

（一）核心旅游产品规划

1. 滑雪精品游

（1）赛事盛典游

以举办"三运会"为目标，各大滑雪场依托赛事分工，各谋特色，以树立崇礼滑雪大区国际化形象，为开展国际、国内会议提供软硬件基础设施。开发体育赛事、表演旅游产品。冬季结合滑雪赛事，开展雪上运动、冰上运动、冬泳等赛事与表演；夏季结合避暑度假，依托冬季冰雪运动设施，开展山地运动、球类运动、水上运动等多项体育赛事与表演，打造四季运动之都。重点开发冰雪运动旅游产品，开发高山滑雪、越野滑雪、跳台滑雪、自由式滑雪、冬季两项等滑雪赛事旅游项目。

（2）滑雪训练游

开展专业运动员训练比赛，培养专业冰雪教练、运动员、研发人员等，提升滑雪运动从业人员的专业素养，促进我国滑雪运动发展。开发运动训练旅游产品。举办培训活动、体育夏令营，开展体育旅游。冬季依托冬季运动设施，开办雪上运动、冰上运动专业培训学校；夏季在冬季冰雪运动训练基地的基础上，进行山地运动、水上运动训练。

（3）滑雪会所游

面对大量具有较强运动意识的专业滑雪人士与滑雪爱好者，开发俱乐部与会所等专业性滑雪旅游产品，延伸开发高端商务旅游，以高质量的旅游产品服务吸引高端人群。

（4）大众滑雪游

利用崇礼滑雪大区内不同区域小环境在不同时间的变化进行产品组合，如秋季滑雪旅游、冬季滑雪旅游、春季滑雪旅游等。对高山滑雪产品与越野滑雪产品、白天滑雪与夜场滑雪、传统滑雪与其他雪地运动等不同时间及空间产品进行组合。大力发展滑雪—观光、滑雪—保健、滑雪—度假、滑雪—购物等多元化的滑雪复合型旅游产品，推出更加丰富的旅游产品，增强旅游产品吸引力，提高游客消费水平。另外，在夏季开发山地森林旅游项目，游客可通过参与夏令营的方式，进行山野观光、野生动物观光等活动，身临其境地接触自然、了解自然。

2. 冰雪体验游

（1）冰雪度假游

结合国际赛事、滑雪旅游、冰雪观光、冰雪娱乐，开发冰雪度假旅游产品。结合主题娱乐园区和主题酒店、森林木屋、森林生态浴等设施，形成人与景观、设施的互动结构，成为北京周边甚至中国北方独一无二的集观赏、住宿、娱乐为一体的体验性旅游休闲度假产品。冬季依托崇礼滑雪大区南部山地雪场和北部湖泊冰面，构建北冰南雪的冰雪度假旅游产品格局。同时，夏季结合冰雪度假旅游设施，转化开发崇礼滑雪大区生态避暑旅游产品。

（2）冰雪休闲游

通过体验在滑雪环境中的生活，促进滑雪与雪域休闲相结合，营造室内休闲体验空间，开发酒吧美食游、特色购物游等旅游产品，使游客获得滑雪新体验。夏季开发生态避暑休闲旅游产品。

（3）冰雪观光游

滑雪与雪地观光（观光列车）结合，开发冰雕、雪雕、冰灯、雾凇等观赏项目。

（4）冰雪运动游

冬季开发雪地跑马、雪地摩托、雪地足球、雪地风筝比赛等冰雪运动旅游产品，同时开发雪地高尔夫、攀冰、雪地滑翔、雪地定向运动、冰上保龄球赛等新型冰雪运动旅游产品。夏季开发山地运动旅游项目和水上运动旅游项目。

（5）冰雪娱乐游

首先是开发大众冰雪娱乐产品。开发大众休闲项目，如儿童戏雪场、雪地足球场、雪雕、冰雪动力板、冰雪气垫船、冰雪碰碰车、冰壶球、雪地冰桥等。同时，针对中青年市场设计产品，完善冰雪娱乐旅游产品。例如，依托山地雪场开展雪地摩托、雪上飞碟、堆雪人、雪地自行车等雪地娱乐活动，开发野外踏雪、林海雪原生活体验、冰雪过年、雪地生存等活动。其次是开发大众冰上娱乐产品。例如，冰爬犁、冰陀螺、冰上自行车、冰上碰碰车等。

（6）冰雪风情游

依托滑雪场旅游度假设施与当地民俗文化、历史文化，以冰雪体验、文化体验为核心，开发冰雪名胜观光游、冰雪草原风情游、冰雪异域风情游、冰雪民俗风情游、冰雪军事体验游。

3. 温泉体验游

（1）温泉度假游

开展温泉度假旅游，应突出旅游产品的国际化特色与文化特色，引进日本、韩国的温泉文化与北欧、北美地区的冰雪沐浴文化，为游客提供高端温泉文化体验。

（2）温泉休闲游

一是开发温泉沐浴。开发森林温泉、鱼疗、茶浴、花浴等功能性沐浴和温泉景区娱乐、美食等旅游产品，丰富温泉旅游项目，营造良好的温泉旅游氛围。室内大型游泳池在夏季可以开展人工造浪、游泳等活动，在冬季可以变成滑冰场。二是开发温泉美食。突出温泉特色，开发国际化与本地特色冰雪温泉菜品。结合温泉景区及景区周边，配置特色餐馆，丰富旅游区地方特色美食文化。三是开发温泉娱乐。开发夜间灯火娱乐、温泉歌舞综艺演出、温泉酒吧、KTV、茶艺棋牌等旅游产品，不断完善温泉娱乐项目。

（二）积极培育四季特色旅游产品

1. 山地森林游

除冰雪资源以外，也需要充分地利用崇礼的山地风貌，尤其是原生态的环境资源，构筑绿色健康的旅游产业，打造集休闲、观光、极限运动、培训与健身于一体，以户外运动为特色的夏季旅游产业。整合崇礼区域内的户外资源，形成丰富多样，特色鲜明的户外运动产业体系。结合轻重开发模式，实现多层次的空间形态和开发密度。在淡季灵活利用冬季冰雪运动场地和设施，打造全季候全息户外运动胜地，主要可设计以下重点项目。

（1）山地自行车公园

依托山势地貌，针对不同人群设计难度多样、各具特色的山地自行车道体系，打造"从初学者到运动员都能玩"的山地自行车公园。赛道设计充分考虑场地特征，兼顾风景，涵盖从职业级别的速降山地自行车道，到适合初学者的练习车道。

（2）户外冒险公园

精心打造原野上的轻型户外公园，让不同年龄的人群都能深度享受探索、历险和游乐之趣。户外冒险公园可以根据季节变化而提供不同的休闲运动，打造全季节的户外体系。滑雪场地在夏季也可以转化为全新的运动项目，为游客提供独具特色的户外冒险体验。

（3）山野观光游

崇礼滑雪大区四季风景优美，各个景区均具备开展观光旅游的条件。观光旅游作为旅游活动的基础始终占据着巨大的市场份额，是旅游发展过程中始终不能忽视的市场需求。观光类产品分布较为分散，项目种类较多，更多的是作为其他旅游产品的附属品出现，对这类旅游活动更重要的是加以引导，使其参与到更为多样的旅游活动中。另外，重点开辟湿地、草甸、河流、湖沼、森林、山地、农田等观光旅游资源，开发高品位、高文化含量的观光型旅游产品，增加产品附加值。如生态艺术游，以及开展摄影、写生等专项旅游活动。

（4）山地运动游

突出面向大众的运动休闲类产品，推崇健康休闲的生活理念，推行大众喜爱的参与性运动，推进全民健身计划的实施。结合当地资源特征和京津市场需求，开拓京津冀乃至全国运动休闲旅游产品市场。依托滑雪基地，结合区内地形、植被、道路特点，配置全民健身体育设施，满足游客和当地居民的健身需求。

冬季结合冰雪旅游，开发滑雪、雪橇、雪地摩托车、雪地翻滚车、滑冰、冰橇、花样滑冰、冰上舞蹈表演等冰雪运动旅游产品。夏季推出大众运动旅游产品，开发山地体育运动、空中体育运动、水上体育运动、登山探险等各种刺激性强的运动旅游产品。

开发空中体育运动系列产品，如汽车拖拽跳伞、滑翔伞、滑翔机等，开发动力伞俱乐部、热气球训练营、翼伞滑翔基地等项目。

开发水上体育运动系列产品。充分利用闪电河、天鹅湖、云州水库等资源，实现冬冰夏水的运动娱乐旅游产品转换。夏日开展游泳、潜水、滑水、漂流、帆板、帆船、水上自行车、水上摩托艇、游艇、碰碰船、赛艇、渔猎、垂钓等水上运动，冬季开展花样滑冰、冰壶、冰球等多种器械型冰上活动。

开发登山探险系列产品。依托山地丰富的生物资源和错综复杂的地形条件，将山地建设成为探险发烧友的乐园，在做好安全保障措施的前提下开展登山探险活动。

2. 休闲度假游

（1）生态避暑游

依托滑雪场海拔较高的山地、夏季凉爽宜人的气候，开发分时度假旅游产品。结合如诗如画的自然风光、丰富的山地资源、良好的原生态环境，开展各种形式的避暑度假，形成类型多样的避暑度假模式。针对企业白领阶层，设计带薪休假、拓展训练、舒缓的森林度假旅游产品。针对城市大众，设计运动型、静养型康体休疗旅游产品，包括户外运动、健康疗养等。

以长城为主题，建设野外露营区、历史军旅主题文化度假区，发挥本区域内长城旅游资源与夏季避暑旅游优势，依托历代边陲军事重镇、户外徒步旅游景区，配套建设野外运动与篝火晚会场地。

依托北部草原风光，开发草原休闲度假旅游。以蒙古包为主要接待设施，以蒙古族礼仪与风俗为特色，依托闪电湖澳洲草原风情旅游区、冰山梁滑雪旅游区、金莲山庄、五花草甸开发蒙古包度假村和草原景观地。

（2）冬夏令营游

举办形式多样的生态专题夏令营，建立湿地和森林科学考察及野外实习基地，依托高原湿地和山地森林等自然资源，开展科学考察教学等专项旅游。

举办大中专学生冰雪运动训练冬令营与学生运动训练夏令营，开展运动旅游。利用丰富的历史文化和红色旅游资源、古人类遗址等，开展爱国主义及相关的教育旅游活动，如学术讲座、专题夏令营、现场参观考察、参与实践操作等。

（3）高尔夫经典游

为高端游客提供打球、度假、会友、交友等活动的空间。综合开发高尔夫风景游、高尔夫猎奇游、高尔夫商务游。

（4）骑术经典游

以俱乐部形式经营，集马术、骑术、餐饮、酒店、康体、娱乐休闲于一体，开发骑马观光、骑马交友、骑术健身、骑术运动等骑术经典旅游产品。

3. 生态水趣游

（1）水上运动游

改造天然湖泊、河道和人工水域，面向企业团体游客，开发游泳、帆船、赛艇、皮划艇、水球等大众水上运动休闲项目。

（2）漂流野趣游

在严格安全保障措施下，为喜欢户外活动的游客开展以充气橡皮艇为漂流工具的水上漂流运动。

（3）戏水娱乐游

开展水上自行车、水上三轮车、水上皮划艇、水上滚筒、水上蹦床、水上横木、水上跷跷板、水上风火轮等娱乐项目，使游客在欣赏美景的同时还可以戏水消暑。

（4）京津寻源游

依托纯净清澈的水质和优美的生态景观，开展湿地生态游。沽源是著名的白河、黑河、滦河的发源地，也是京津水源地。目前，沽源形成了南北两条带，中间一片网的林业格局，构筑起了一道保卫京津的天然绿色屏障，加上得天独厚的地理位置优势，更能吸引北京、天津游客。

4. 文化体验游

（1）名胜观光游

开发赤城鼓楼、龙关重光塔、镇朔将军杨洪墓、朝阳观滴水崖风景区、金阁山崇祯观、独石口古城等名胜古迹观光游。

（2）草原风情游

观赏草原美景，品尝草原美食，体验蒙古族风情，打造夏季避暑休闲胜地。

（3）异域风情游

早在康熙年间就有传教士在该地区进行传教，所以有众多气势恢宏、建筑精美的教堂。结合冬季冰雪旅游，将天主教节日，如圣诞节、复活节等，融入冰雪文化中，提升游客的旅游文化体验。

（4）民俗风情游

该地区的民间艺术流传久远，如流传的100多首民歌、民间舞蹈打溜子以及历史久远的秧歌、旱船、高跷等民间社火。多方面地弘扬当地的乡土文化和现代气息，并将其逐步引入旅游饭店、旅游景点的定期演出中。

①农事活动

林木的栽培、嫁接、剪枝、浇水、施肥、除虫、采摘都是农事活动的内容。该地区数量众多的树林可作为活动场所，供游客体验农业劳动的乐趣。这些活动必须在技术人员的指导下进行，不能出现毁坏现象。如果管理得当还可以减少工时，提高经济效益。

②植树活动

张家口森林覆盖率较低，可种植树木花草的空间还很大，具有开展园艺活动的优势。植树活动可以赋予生态旅游新内容并丰富其内涵，如重要活动、事件的纪念树，纪念新婚、结婚周年的纪念树，象征情侣爱情永恒的情人树，以及纪念人生成长、事业发展的里程碑树等植树活动，既丰富了旅游内容，又保护了生态环境，达到了双赢的目的。

③农业采摘游

利用当地蔬菜集中连片、产品品种丰富的优势，大力开发生态农业观光、采摘等特色旅游产品，满足都市人回归自然、亲身体验的愿望，实现农业与旅游业的有机结合，吸引游客亲临田间地头和农家村落，开展干农家活、采农家菜、吃农家饭、体验农家生活、领略田园风光的农业采摘游活动，带动百姓致富。张家口发达的林果业为开展丰富多彩的农业生态旅游提供了重要的物质条件，采摘活动是最能体现经济效益的生态旅游活动。在收获的季节，可以组织游客在果园管理人员的指导下进行瓜果的采摘活动。

④农产品自助加工

游客在景区种植庄园采摘的果品可以进行现场加工，如石榴、苹果、葡萄、樱桃等汁多的果品可以直接压榨出果汁饮用，桃、杏等果肉多的果品可在技术人员的指导下加工成罐头、果脯和果酱，杏扁等干果类可在技术人员的指导下加工成多种风味的干果食品。葡萄酒酿造过程较复杂，但参与性、趣味性较强，因此也应积极开展。参与这些活动，游客不仅丰富了自身的旅游内容，还增长了许多知识。

（5）军事体验游

由于特殊的地理位置，张家口自古以来就是军事重地，是众多战事、军事设施的聚集地。该地区军事旅游资源丰富，既有历代长城遗存，又有现代防御苏联入侵而修筑的军事工事。

依托长城开发匹特博运动项目。开展游戏型或实战型军体竞技、体验驾驭军事装备等活动。长城一带不但山高、坡陡、路险，且有众多自然奇观和人文传说，依托这些资源，可开展滑道、滑索、滑草、攀岩、徒步穿越等活动。

5. 商务会展游

商务会展旅游是旅游类型中一项重要的内容，通过建设旅游商贸服务新区和星级宾馆，为商务会展旅游提供基础保障与服务，进而逐步发展会展旅游、商务旅游等多种类型的旅游产品，提高旅游经济的贡献率，带动县域经济的快速增长。

首先，要加快商务会展旅游配套设施建设，利用崇礼优良的自然环境资源，吸引国内外知名企业集团前来投资兴建疗养基地、商务会展中心等。同时，鼓励发展专业化服务公司，为商务会展旅游提供全方位、多样化的服务。然后，在搞好一般性商务会展的基础上，积极扩展市场，承办一些影响力更加广泛的专业会展、节庆活动等，提高崇礼会展旅游的知名度，为崇礼旅游的发展注入新动力。具体来讲，包括以下内容：

（1）会议会展游

依托良好的度假环境、齐全的住宿设施、便捷的交通条件，为商务、会议、培训提供空间和服务。服务北京世界城市建设，加强与国家部委，以及京津石等地重要中介机构、传媒公司的联系沟通，突出"特、精、专"，积极承办主体鲜明、水平较高、影响较大的专业会展和节庆活动。

重点举办（组织）国际滑雪装备展览会、主题论坛，以及国际滑雪经济论坛、时尚滑雪服展示会、滑雪旅游商贸会等，培育会议会展知名品牌，为崇礼滑雪大区旅游注入新活力。

积极争取举行国际性学术会议、全国性学术会议、区域性学术会议、地区性和全国性学术交流活动。学术旅游市场是近年来发展十分迅速的一个市场，在中国政府大力发展教育和科技的背景下，地区性和全国性的学术交流活动与日俱增，并且具有稳定的周期性特点，蕴藏着巨大的商机。

（2）国际商务游

积极开展会展、商业谈判、营销、管理（如培训、奖励旅游）等商务旅游活动。其中，会展旅游是商务旅游中最有特点的一个重要内容。同时，重点建设商务会所国际性商务服务设施。

五、旅游商品开发现状与对策

（一）体育旅游商品开发的效应分析

旅游商品销售是旅游目的地重要的收入来源。旅游购物是旅游构成要素的重要组成部分，旅游商品浓缩了地域和民俗风情，能反映旅游目的地的特色，是一个国家或地区历史与文化的缩影，是在旅游市场上具有独占性的商品。

从产业发展和旅游度假区发展角度来看，体育旅游商品能够完善旅游度假区内容体系，推动旅游度假区提档升级，提高旅游度假区经济收入，提升旅游度假区知名度等，而体育旅游商品良好的发展效应也是推动旅游度假区持续发展体育旅游商品的重要因素。

1. 完善了旅游度假区内容体系

旅游度假区体育旅游商品的发展有助于带动地区体育运动氛围、完善地区体育旅游设施。如入选中国体育旅游十佳精品赛事的桂林阳朔攀岩节，截至 2019 年已经成功举办了十二届，每年吸引多个国家的上百名运动员前往参赛。阳朔攀岩节的持续举办促进阳朔完善了攀岩设施，截至 2019 年已经形成 70 个独立岩场，1000 多条精品攀登线路。又如已开发航空体验、室内滑雪、山地自行车等体育旅游商品的河源巴伐利亚庄园，在 2020 年 3 月获得了广东省政府给予的 5 万元资金支持，用于建设体育运动综合馆、户外运动和马术运动体验馆以及航空、冰雪竞技俱乐部等体育设施。

2. 助推了旅游度假区提档升级

随着旅游度假区"体育＋旅游"模式的兴起，旅游度假区体育旅游商品的发展越来越热，体育旅游商品在省级旅游度假区提档升级为国家级旅游度假区时，在旅游度假区商品丰富度、游客规模、市场吸引力、品牌竞争力等方面发挥了重要作用。以最具代表性的河北崇礼冰雪旅游度假区为例，崇礼冰雪旅游度假区是一家运营冰雪运动旅游商品的"体育型"旅游度假区，2019 年入选为省级旅游度假区。到 2020 年崇礼冰雪旅游度假区达到入选国家级旅游度假区的硬性条件之一：被认定为省级旅游度假区 1 年以上，可以申报国家级旅游度假区。此时，崇礼冰雪旅游度假区依托良好的冰雪运动旅游商品，仅用 1 年时间就顺利升级为国家级旅游度假区。

3. 提高了旅游度假区经济效益

体育旅游商品为旅游度假区带来了大量的运动休闲游客，拉动了旅游度假区的经济发展。据资料显示，2017 年国庆期间，淳安千岛湖旅游度假区共接待骑行游客 7.6 万人次，11 条登山步道共接待运动休闲游客 2.3 万余人次。在 2019 年，共接待骑行游客超过 50 万人次。截至 2020 年 8 月，淳安千岛湖旅游度假区共迎来 200 多万的运动休闲游客，使得淳安县运动休闲游客占总旅游人数的 20%。截至 2020 年 9 月，淳安县的运动休闲游客约 324.89 万人次，约占全县游客总人数的 23.29%，实现体育旅游经济收入 35.73 亿元。

4. 提升了旅游度假区的知名度

旅游度假区健身型体育旅游商品、赛事型体育旅游商品均可以提升旅游度假区的知名度。例如，浙江东钱湖旅游度假区自成立以来，逐渐形成多元化运动休闲产品体系，体育旅游业态初具规模，经过多年发展，体育旅游商品推动了东钱湖旅游度假区在互联网上的搜索热度，"东钱湖"与"体育+""体育旅游+""运动+""高尔夫+"等关键词在百度搜索量高达476万次，有效提高了东钱湖旅游度假区的知名度。同时，体育赛事作为一项重大活动，可作为赛事旅游业务进行开发和经营。赛事型体育旅游商品所创造的品牌、形象和精神风貌可以为举办地营造良好的体育旅游发展氛围，提升举办地的影响力和知名度，并改善举办地的自然环境和社会环境，吸引大量游客前往旅游。

（二）旅游商品开发现状

1. 现有旅游商品

（1）土特产品

土特产品中比较有名的数坝上三宝：莜面、山药、大皮袄。

①崇礼区：自然资源丰富，野生动植物繁多，主要盛产的山野菜有蕨菜、苦菜、蘑菇、黄花菜等，主要作物有莜麦、山药、蚕豆、错季蔬菜等。

②赤城县：养颜延寿苦杏仁、野生黄花菜、野山榛、蕨菜、松蘑、苦菜、曲曲菜、柴鸡蛋、莜面（莜麦面）、赤城宝典酒、黄金茶、胡麻油等。

③沽源县：金莲花茶、山野菜、蘑菇、柴鸡蛋、坝上粗粮等。

（2）手工艺品

①崇礼区：根雕艺术、黄金饰品。根雕艺术又称树根造型，是中华民族一项古老的传统艺术。随着社会的发展，崇礼的根雕艺术也在不断进步。广大根雕艺术爱好者充分利用建筑施工中丢弃的枯木的根、干、枝、瘤等，运用根雕艺术创作的特殊技法，舍弃糟粕，变废为宝，赋予朽木残根新的生命，化腐朽为神奇，创作出大批优秀的根雕作品。根雕艺术作品以其独具匠心、艺作天成的艺术感染力及较高的收藏价值，受到越来越多人的青睐，有着广阔的市场前景。

②赤城县：麦秆画、桃刻、鸡蛋刻。麦秆画是一种以麦秆为主要原料、玉米秆等为辅助材料，通过一系列复杂的制作工艺精制而成的传统民间手工艺品。麦秆画色泽鲜亮，自然纯朴，原野风味浓厚，具有很高的欣赏和收藏价值。赤城县其他手工艺品还包括桃刻和鸡蛋刻等。

③沽源县：蒙古刀具、皮制工艺品等。旅游纪念品是具有地方特色、方便游客携带的中小型纪念品，如蒙古刀具、蒙古皮具、皮制工艺品、毛制工艺品、手工刺绣工艺品等。

此外，张家口市著名的手工艺品还有蔚县的剪纸和阳原县的石雕。

蔚县剪纸又称窗花，属中国民间剪纸艺术中的精品。

阳原县的石雕历史悠久，阳原石料有赤、橙、青、黄、绿、白、紫七色，自古以来统称为恒山玉。据《阳原县志》等记载，境内石宝山至盘山的燧石和玉石，明代即有所开发和利用。

（3）地方风味小吃

地方风味小吃主要包括清水羊肉、口蘑炖柴鸡、铁锅炖土豆、山野菜、莜面窝窝、云州大锅熬鱼、山药鱼、莜面饺子、山药傀儡、山药烙饼、油炸糕、龙门所豆腐、荞面、手把羊肉、正宗涮羊肉等。

总之，崇礼滑雪大区的旅游商品主要以地方土特产品为主，商品类型相对比较单一。

2. 旅游商品开发中存在的问题

崇礼滑雪大区旅游商品开发目前存在的问题如下：第一，生产规模小，技术含量低。第二，品种单一，缺乏创新。（滑雪景区可以看到的只有口蘑、蕨菜、杂粮等品种较单一的土特产品）第三，开发盲目，市场较乱。第四，文化内涵挖掘不够，地方特色不明显。第五，发展环境及配套设施不够完善。第六，冰雪旅游商品不足，缺失自有品牌的滑雪装备。

（二）旅游商品开发策略

1. 总体策略

（1）理顺管理体制，重视商品质量。

（2）针对市场需求研发商品。

（3）传统工艺结合创新技术。

（4）精湛工艺提升商品形象。

（5）和谐环境促进商品营销。

2. 重点旅游商品规划

（1）特色产品

叫响坝上三宝品牌，如天津三绝、东北三宝，因此要在如何开发三宝上下功夫。

随着经济的快速发展，人民生活水平不断提高，伴之而来的疾病，如高血脂、高血压、高胆固醇等，已成为普遍现象，于是人们开始关注清淡保健的食品。农民一日三餐都有的莜面、山药因具有高营养价值和低糖的特点而受到大众欢迎。

①莜面（莜麦面）：莜麦是当地主要粮食作物，莜面是坝上三宝之首，故被称为"塞外珍珠"。莜麦，是禾本科燕麦属一年生草本植物，品质好。营养价值高、用途广，但烹饪方法较复杂，在生活节奏比较快的都市，很少有人能够在家里花

费大量时间制作莜面食物。鉴于此，除目前市场上已有的方便携带的速食面、燕麦片以外，建议研发具有地域特色并便于携带的品牌莜面系列休闲食品，如速食山药鱼、休闲糕饼等。

②山药：山药是大众熟悉的食品，餐厅常见的食材。然而，山药精深加工食品在市场上还不多见，因此可以在山药食品的精深加工上多做文章，将山药精深加工食品开发成为具有地域特色且便于携带的品牌旅游保健食品，如小袋包装的山药干、山药粉、山药糕等。食品的包装设计应以独立小单位、生态包装为特点。

③大皮袄：皮袄虽然已经成为昨日的时尚，但是口皮（又称羊羔皮）作为张家口地区出产的毛皮，具有皮板洁净、皮毛丰厚、富有弹性等特点，有山羊皮、西羊皮、兔皮、貂皮、旱獭皮等百余种。可以利用这一资源优势，结合坝上地域文化，秉承生态友好原则，创造崇礼滑雪大区做工精良的品牌口皮装饰品。例如开发带有坝上风光的日常生产生活用品，如挂毯、床毯、沙发坐垫、汽车坐垫等；令时尚女性趋之若鹜的皮草手袋、披肩、马甲、帽子、围巾、皮草耳套、小饰物、拖鞋等；皮革制品，如家居皮拖鞋、手套、笔筒、废纸篓、饰物等。

（2）滑雪装备

通过独资、合资等方式，引进国际滑雪用具和装备生产商，建设国内一流的滑雪用具和装备生产基地，推动冰雪装备向产业化方向发展。

（3）旅游用品制造

可以通过招商引资的方式，引进旅游用品生产企业，带动当地就业及旅游经济发展。

（4）温泉衍生商品

开发温泉片、温泉粉、硫黄香皂等洗浴产品，同时研发具有养生疗效的温泉酒。

（5）资料类

制作滑雪手册、印有雪场四季景色的明信片、宣传片 DVD、滑雪大区的旅游地图。

（6）旅游纪念品

印有雪场、草原景色、蒙古族人物（如穿传统服饰的人物和摔跤人物）的冰箱磁贴和茶杯垫；印有雪场 Logo 的 T 恤衫（包括游客 DIY 的 T 恤衫）和帽子，带有草原风情图案的水杯、钥匙扣、啤酒开瓶器；印有崇礼滑雪大区主要景点的装饰盘，吸引小朋友的各类卡通动物的帽子和手套等。

（7）特色绿色旅游食品系列

组装特色土特产品深加工的休闲食品，推出崇礼滑雪大区特产的食品礼盒，礼盒应拥有浓郁的地域特色并方便携带。

①羊肉制品：依托坝上羊肉不膻、鲜嫩的特点，开发精深加工的羊肉制品，如袋装肉脯、孜然羊肉干等休闲食品，以及真空包装的烤羊肉。

②杏扁食品：已开发 12 类杏扁食品，建议继续开发杏扁的精深加工食品，如杏仁粉、杏仁汁、杏仁糕、杏仁甜奶酒等。

③蚕豆休闲食品：除油炸食品以外，应继续研发蚕豆其他口味的休闲小食品。

④土特产品：山野菜和蘑菇类的土特产品可以加工成为具有当地特色口味、即食方便、真空包装的小食品。

（8）手工艺品系列

①根雕：除大型的根雕作品以外，应开发更加吸引游客且便于携带的小型根雕作品，既要有巨型产品也要有微型产品。根雕人物不应仅仅局限佛像、菩萨等传统人物，还应挖掘与当代人们的生活贴近的人物；根雕作品除装饰功能外还应在实用性上进行挖掘，做到展示和实用的结合。当地政府应考虑制定适当优惠政策以吸引更多的根雕手工作坊到滑雪小镇的商业街开设商铺，使其形成规模化生产和经营。

②麦秆画：对大多数人来说，麦秆画的制作工艺还很陌生，因此在滑雪小镇的商业街可以采纳前店后厂的形式，供游客了解麦秆画的工艺流程，同时也可以让游客 DIY，创作自己的作品。麦秆画的作品主题不应仅局限于传统的山水花卉，还可以挖掘当今人们关注的话题，以传统与创新的结合为主题，进行自然而抽象、简单而精致的作品设计。

③蒙古刀具、皮制工艺品、毛制工艺品、银饰品等：在滑雪小镇可以设置专营蒙古刀具、皮画、金银饰品以及具有浓郁地方特色的皮制、毛制工艺品。

④剪纸：蔚县的民俗手工艺品剪纸在全国有一定的知名度，因此崇礼滑雪大区可以把蔚县剪纸吸纳进来以充实这一地区的手工艺品市场，如在滑雪小镇的商业街可以设剪纸一条街。剪纸可反映当地居民生产、生活的内容，对其传承与推广，不仅对形成当地特色品牌有重要作用，而且对传统文化的保护有重要意义。

⑤石雕：阳原的石雕在中国享有一定声誉，在滑雪小镇的商业街可以设置前店后厂的石雕店铺。石雕的种类需要继续发掘，如增加颇受女性欢迎的小饰品系列，如挂件、胸针等。

3. 崇礼滑雪大区旅游商品开发的建议

（1）加强对张家口市特色商品的普查工作，搜集特色商品的资料，正确选择和确定旅游商品的开发方向，确定拳头产品及开发重点。

（2）普查生产旅游商品的企业、作坊，确定品牌开发及生产的重点企业，并加以扶持和培育。

（3）建立集特色化、系列化、品牌化、规模化于一体的旅游商品研发、生产架构，逐渐形成布局合理、层次分明、运转有序的旅游商品市场格局。利用当地资源，着重发展滑雪装备业、旅游用品制造业、旅游工艺品制造业及旅游食品加工业。

（4）顺应滑雪产业的发展，着手培育一批生产旅游装备、滑雪装备的龙头企业。

（5）旅游商品从设计上要坚决走具有地方特色的道路，挖掘当地文化内涵，传递地域文化。包装应体现人文关怀，轻巧、美观且牢固的包装不但能方便携带，还能增加商品的艺术美感。同时，推荐使用绿色环保材料包装，不仅可以保护旅游地的环境，还可以宣传和提升旅游健康、自然的美好形象。

（6）学习法国在旅游商品方面的成功经验，杜绝粗制滥造的旅游商品上市，采用高科技打造高质量的旅游商品，走精品路线。目前，市场上销售的旅游商品有很大一部分因制作工艺粗糙而失去固有的欣赏和收藏价值。旅游商品的优良品质建立在精湛的制造技术基础上，精巧的设计也必须通过精湛的技术才能取得理想的设计效果。

（7）目前，崇礼滑雪大区的主要旅游商品是地方的土特产品，毋庸置疑，农副产品的附加值较低，因此在农副产品开发及设计上要有创新理念，提高农副产品的附加值，同时注重产品的组合。

（8）鉴于崇礼滑雪大区的旅游商品种类比较有限，可以把张家口其他县域拥有的较为知名的商品，如蔚县剪纸、怀来葡萄酒以及面塑、古钱等商品，汇集到崇礼滑雪大区的旅游商品商店和滑雪小镇的商业街。

（9）定期举办旅游商品创意大赛。

（10）每年评选出五大最受游客青睐的旅游商品，并对这五大旅游商品的生产企业、手工作坊等给予奖励和扶持。

第三节　滑雪旅游形象设计与市场营销策划

一、崇礼滑雪旅游形象设计

（一）优秀形象设计对崇礼滑雪旅游形象设计的启示

1. 提升品牌内涵

文创的品牌形象设计彰显品牌主体的价值导向。品牌文化，主要是指在品牌建设和产品销售过程中建立并逐步完善的企业文化的积累。从视觉上讲，就是把品牌通过更具人性化的方式设计后反映在品牌形象上所传递的主要观念。视觉形象中消费者对品牌精神的感知和共鸣的好与坏的结果来自对品牌的忠诚度和信任程度。因此，崇礼滑雪旅游区在进行品牌形象设计的过程中融合特色文化内涵是其品牌持续发展的重要因素，建立品牌故事、深入挖掘地域性品牌文化特性进行品牌形象设计提升品牌的文化内涵，进一步形成文化积淀。

2. 打造文创品牌特性化

2013 年起，故宫文创商店的"跨界"让"文创"这个词进入了大众的视野，近年来一系列具有文化特性的 IP 的出现，也让大家越来越重视品牌的独立文化内涵。当今文化类或非文化类企业都在树立特性化独立 IP。IP，即知识产权，指"权利人对其所创作的智力劳动成果所享有的财产权利"。例如，联想到熊大熊二的主题的游乐园，会想到是方特欢乐世界；联想到恐龙主题乐园，会联想到广州长隆动物游乐园；联想到米奇、米妮、唐老鸭、白雪公主等卡通人物，会联想到迪士尼。所以能够打造自己的独立 IP，可以与受众群体产生更多思想沟通共鸣，加深情感意境。

2019 年 8 月 21 日，融创（中国）公司正式收购北京梦之城旗下卡通 IP "阿狸"，开始打造自身独立 IP 形象。融创以原创 IP 为核心，基于现有阿狸家族 IP 形象，进一步梳理、完善"阿狸"家族的人设，并通过"阿狸"系列 IP 尝试影视内容投资、开发与制作，比如网络短片、院线大电影等，依托梦之城前十年的经营基础，将"阿狸"系列打造成"人见人爱"国民级别的 IP，从而持续扩大该 IP 对品牌的社会影响力，打造融创核心文化 IP，着力发展融创文创旅游项目。可见，打造自身文创品牌的特性化已经逐渐成为一种趋势。因此，河北崇礼滑雪旅游区应积极打造自身文创品牌。

3.丰富产品类别多样化

2019 年 7 月 26 日《哪吒之魔童降世》上映，成暑期档最强黑马。同年 8 月 15 日，票房已经超过了 38 亿元。《哪吒之魔童降世》票房大卖，但相较于迪士尼电影和自身文创品牌带来的利润依旧有一段距离。一部电影的生命周期是有限的，从上映到下映可能仅仅 1~2 个月，没有长期的 IP 维护，各方面文创产品对受众者持续的心理影响，受众者追捧热度也会逐渐淡化，暑期档期刮起的"哪吒"风已经逐渐消退。

迪士尼非常重视中国的文创产品市场，在天猫网设立官方旗舰店的同时也在阿里巴巴批发网站 1688 上线了一个品牌专区（图 4-3-1），满足单个受众者的购买需求的同时也保障向小型经销商供货，以确保迪士尼的文创产品能渗透到中国受众的日常生活中。

图 4-3-1　1688 网迪士尼品牌专区

在 1688 网站上，我们也能看到迪士尼的文创产品类别之广。玩具、服饰鞋类、运动户外、美妆日化、毛绒玩偶、数码家电、食品饮料、家装家纺、办公文教，甚至在化妆棉、泳衣、勺子、糖果、饼干上都能看见迪士尼 IP 的身影，产品类别的多样足以渗透每个人的生活角落之中（图 4-3-2）。

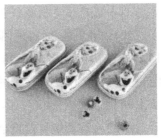

图 4-3-2　1688 网迪士尼品牌文创产品

因此，河北崇礼滑雪旅游区应积极打造多样化文创产品。

（二）崇礼旅游形象设计原则

1. 领先性原则

高起点定位，对接国家战略需求，为景区未来发展拓展战略空间。同时，紧扣时代特点，反映旅游需求的热点、主流和趋势。

2. 整体性原则

突出重点，统领全局，充分反映旅游目的地的文脉、地脉和资源特色，使旅游形象设计有利于区域旅游产品的整合，形成对潜在游客市场的强大吸引力。

3. 独特性原则

深刻分析旅游目的地的地域背景，发现并提炼其最具特色的要素，使旅游形象独树一帜、特色鲜明、生动形象。

4. 可感性原则

力求体现滑雪资源的时代感、艺术感，以及简洁、生动、凝练、新颖、寓意深刻、感应力强的资源特征，使游客对旅游目的地有身临其境的直观印象，使旅游目的地形象能够广泛、迅速地传播。

（三）崇礼滑雪旅游形象建设

1. 行为形象识别系统塑造

行为形象是旅游地旅游从业人员的服务理念、服务意识、服务质量，旅游企业的经营理念、企业文化构建，以及旅游地居民的综合素质等外在形象的表达，是在为游客服务过程中所传递的信息，在游客心目中形成的认知和判断。

崇礼滑雪大区行为形象设计：热情、高雅、尊崇、文明。

（1）旅游服务形象塑造

形成良好的社会氛围并且构建旅游地域社会文化系统，以打造友好旅游目的地为主要任务，不断提高餐饮等基础设施服务水平和各类景区服务水平，为游客创造人性化的旅游景观环境和旅游服务环境。

政府是旅游形象的体现者，要预防各种恶性事件的发生，维护一方社会环境的稳定，给游客以安全感。旅游管理部门的工作人员必须有强烈的敬业精神和较强的业务素质，处理问题迅速、公正，组织交通合理、有序，为游客创造便利的出行条件。

（2）居民友好形象塑造

当地居民的生活方式、语言、服饰、个人行为等和风景一样成为游客眼中旅游地的旅游形象，影响游客对旅游地的感知和评价。当地居民的淳朴、热情、豪爽都是旅游地旅游形象的体现。同时，由地区的差异性形成的不同景观类型，也使游客成为当地居民的观赏对象。

当地居民应更好地融入旅游地的发展与进步中。通过多种途径开展建设旅游形象的宣传活动，使居民意识到个人行为能够影响整个旅游地的发展，激发居民的参与意识。此外，应注意培养当地居民的内在文化素养，以及营造旅游地民风淳朴、人际关系和谐、居民热情好客的良好社会氛围。

（3）旅游安全形象塑造

加强监管和投诉机制建设，抓好市场秩序，形成健康发展的势头。杜绝拉客、宰客现象，提高旅游从业人员的职业道德，树立友好真诚的服务意识，积极主动地为游客解决实际困难，真正做到热情好客、友好真诚。

建设现代化导游服务系统，贴心服务不同层次、不同需求的自助游散客。加快营造旅游语言环境，在主要旅游道路、景区和旅游服务设施等处配备文字标识或咨询点，培养旅游从业人员使用标准普通话服务游客的习惯。提高当地居民、旅游从业人员、游客的生态环保和文明旅游意识。

做好安保工作，建立以人为本、科学完善的应急救援系统，做好旅游高峰期人员、车辆等的疏导工作，保障交通、水面、山体、饮食卫生等的安全，防止发生重大安全事故，保障游客的人身安全，创造舒心和谐的旅游、购物环境。通过政府、开发商、旅游从业人员的共同努力，形成崇礼滑雪大区上下团结一致、共谋发展的良好氛围，打造一个同心团结、文明和谐、安全有序的旅游环境，使游客在感受景区优美风景的同时获得完美的精神体验。

2.视觉识别系统塑造

通过旅游形象标志、标志物、标志图片、文字、服饰的组合运用，以及旅游形象的打造、展示和传播，向游客传达旅游地的品牌、形象、个性。

（1）视觉景观形象塑造

视觉景观的美和吸引力是影响旅游地发展的永恒因素之一，开发、设计、美化、发展旅游地景观的视觉因素及其形象力是旅游地形象的重要组成部分。

①人文景观——历史、文化、厚重

打造崇礼滑雪大区特色标志性建筑，设计和崇礼滑雪大区文化氛围相符的引景空间和文化标志，给游客带来强烈的视觉冲击。一方面，凭借丰富的历史文化古迹和现代建筑完善旅游功能，如重要的历史文化古迹、园林、建筑形态等；另一方面，对民族风情、传统风俗、文化艺术等资源进行广泛的挖掘、整理、改造、加工和组织经营。

②城镇景观——现代、多元、鲜明

强化张家口作为东方雪都旅游圈中心的作用，重点建设旅游项目，最终将张家口发展成为地区特色鲜明、形象突出、设施完善、方便快捷、服务一流的旅游集散地。

（2）视觉符号形象塑造

①旅游标志

通过集思广益，向社会公开征集旅游标志，该标志应形象而简练地概括出崇礼滑雪大区的地理环境特点，突出东方雪都的生态旅游特色，以及彰显深厚而独特的地域文化和旅游圈的形象内涵。

将旅游标志应用于崇礼滑雪大区各政府机构名片、纸笔、杯盒等办公用品以及办公环境中；用于酒店一次性卫生用品、餐具等旅游接待用品中；用于招牌、橱窗等旅游广告用品中；用于门票、文化衫、模型等旅游商品中。概而言之，使之成为崇礼滑雪大区的形象名片，充实到游客所见所闻的旅游环境中。

②旅游标志物

旅游标志物是体现崇礼特色的建筑或景观，标志物的特点是生动、具体，并且可以直观、立体地宣传旅游地的旅游形象。标志物可用已有的景观资源，也可后天修建。一般可建于旅游接待服务中心或崇礼滑雪大区入口处、景区入口处和进县（区）的主要路口等视觉汇聚点，要设计和建造与崇礼滑雪大区文化氛围相符的、引导景观和文化的标志物，搭建广告牌和标志牌，尽可能多层面地展示崇礼滑雪大区的风采，形成强烈的视觉冲击，给游客留下深刻的第一印象。

③标准色、标准字和标准图片设计

色彩比图形和文字更具有视觉震撼效果，可直接引发游客不同的心理感受。对于崇礼滑雪大区标志的标准色，为突出滑雪、森林、度假，可选择白、蓝、绿为主色调，体现白雪、蓝天、森林的旅游形象。

为突出崇礼滑雪大区的国际化形象，建议在区内使用中文、英文、日文、韩文，标准字体以艺术体为主。

标准图片选用滑雪场、温泉、森林别墅、高尔夫球场等风景照。

（3）听觉形象识别系统塑造

筛选、提炼或创作具有冰雪文化与原生态文明特色的音乐或歌曲，作为音乐形象标志。以地方乐曲、崇礼滑雪大区的主题曲以及背景音乐为主体，紧扣美妙绝伦的风景条件和深厚淳朴的民风民俗，反映运动、自然、自我理念和主题形象，增加游客感知度，塑造崇礼滑雪大区的主题形象。开发淡季旅游促销音乐形象标志和旺季旅游促销音乐形象标志，制成光碟，作为宣传品、纪念品发放赠送。

（四）崇礼滑雪旅游形象认同分析

1. 代表性

张家口自古为我国北方边塞重地、京畿门户，冰雪边关、高山旷野、京城门户、边贸繁华是张家口给人最深刻的形象概念。冰雪也是自然赋予崇礼滑雪大区的天然属性。

2. 独特性

崇礼滑雪大区是我国华北地区最好的滑雪场地，也是距离北京最近的、条件最为优越的高山滑雪场。随着北京世界城市建设进程加快和国际化程度日益提高，崇礼滑雪大区成为世界东方的滑雪胜地是形势所趋。

3. 吸引性

整体形象体现了崇礼滑雪大区依托北京所呈现的世界东方大都会休闲的国际魅力，体现了功能齐全、设施完备的高山滑雪旅游区所展示的冬季冰雪世界的人文魅力，以及崇礼滑雪大区春花、夏绿、秋花、冬雪，色彩斑斓，景色万千的京津冀都市圈后花园的自然魅力与城市魅力。

4. 地域性

对张家口京畿门户、冰雪边关、高山旷野、边塞重地等地域性形象概念进行整合，体现了张家口世界城市休闲地的地域性特色。

5. 鲜明性

东方雪都具有地域的垄断性与概念的感染力，通俗朴实，易于记忆，具有广泛的认知度与群众基础。

二、崇礼滑雪旅游市场营销策划

（一）相关概念

1. 市场营销策略

（1）营销

营销就是一个人或者一个企业组织通过创造并同别人交换产品和价值，以获得其所需之物的一种社会过程。

（2）营销管理

营销管理是为了创造与目标群体的交换，以满足客户及组织目标所需要所进行的计划、执行、概念、价格、促销、产品、分布、服务和想法的过程。

（3）市场营销

市场营销是有利可图的满足需求，主要用到的营销策略为产品策略、价格策略、渠道策略和促销策略四种，这也是最为经典的市场营销理论。

（4）市场营销策略

所有和商业有关的活动，都是为了在对顾客传达价值的同时得到适合的利益。在超越竞争的背景中，消费者有越来越多的方法来获得产品和产品企业的消息，在消费者面前也会有很多的选择。随着科技的快速发展，人们的消费方式也在潜移默化中发生着改变。伴随着人们消费方式、消费感知的改变以及各商家之间的强烈竞争，目前的市场情况形成了错综相连的关系，无论是什么企业，如果要优先进入市场继而占据市场，特别是我国的市场，最根本的办法就是制定有效的市场营销策略。

市场营销策略是指企业根据自身内部条件和外部竞争状况所确定的关于选择和占领目标市场的策略。它是制定企业战略性营销计划的重要组成部分，其实质就是企业开展市场营销活动的总体设计。企业制定市场营销策略，目的在于充分发挥企业优势，增强竞争能力，更好地适应营销环境变化，以较少的营销投入获取最大的经济效果。

2. 旅游市场营销策略

旅游营销是指以旅游消费需求为导向，协调各种旅游经济活动，通过分析、计划、执行、反馈和控制这样一个过程，从而实现提供有效产品和服务，使游客满意，使企业获利的经济和社会目标。旅游市场营销的主体很广，包括所有旅游企业及宏观管理的旅游局，如旅游景区景点、旅行社、宾馆酒店以及旅游交通部门等等。旅游营销的方法有以下几种方法：旅游品牌营销、旅游体验营销、旅游网络营销、旅游整合营销、旅游互动营销，等等。

旅游营销战略是一个景区在现代市场营销观念的指导下，为了谋求长期的生存与发展，根据外部环境和内部条件的变化，对旅游市场所做的具有长期性、全局性的计划与谋略，它是景区在一个相当长的时期内市场营销发展的总体设想和规划。

（二）崇礼滑雪旅游营销策略

实施品牌导向型营销。品牌营销，思路先行。在建设富有塞北文化特色的滑雪旅游目的地的思路下，促成品牌规划逻辑化、产品设计差异化、创意表现价值化、活动组织情感化，并建立完整系统。

品牌、知名度与吸引力的营造，既要对市场精准定位，还需要对目标消费人群精准营销。品牌营销按照崇礼滑雪大区发展的不同阶段分阶段规划营销战略。在不同阶段做好客源市场定位及产品规划，明确营销目标，在此基础上坚持高标准、大投入，进行有针对性的营销，对不同的客源市场采取不同的营销策略，以达到事半功倍的营销效果。

1. 产品策略

品牌营销，产品先行。掌握市场需求，丰富产品组合。在把握客源市场需求心理的基础上，有针对性地设计和宣传旅游产品。

2. 渠道策略

建议从以下几个方面开展旅游渠道建设：

①和旅游网站合作，建立专门网站，开发信息系统，包括网上游客查询、反馈系统，以及预订系统等。中国互联网信息中心公布的《第25次中国互联网络发展状况统计报告》显示，旅行预订的年增幅是77.9%，网上支付用户年增幅达到80.9%。在网络时代，应以新闻、社交网站、视频、动漫、论坛等手段与游客互动，借助话题、事件、活动开展网络整合营销。例如，与国内外知名旅游网站合作，建设旅游电子营销系统，即专业化旅游目的地综合营销管理系统，主要包括两大功能：一是旅游电子营销客户关系管理系统；二是旅游电子宣传品制作发布系统。运用视频、音频、三维立体模拟等多种信息表现形式，开发制作用于电视、网络、电子邮寄等多种媒体渠道的宣传片，将"东方雪都"的整体旅游形象更加生动地对外进行宣传展示。在此营销平台上，开发多种旅游形象多媒体营销宣传品，制作多媒体宣传片、旅游电子宣传品、多语种电子杂志和英文、日文、

韩文版崇礼滑雪大区旅游多媒体宣传片，积极探索其他多媒体产品信息传播渠道。

②利用电信等渠道实现旅游产品（酒店、旅游线路等）的咨询和预订。

③和国内大的旅行社开展战略性合作，包括多个业内知名旅行社。邀请重要目标客源市场的主要旅行社前往崇礼滑雪大区进行旅游线路或旅游产品考察，并对旅游产品进行评估，尽最大可能与之形成合作关系，并在条件允许的重要目标客源市场逐步建立销售代理机制，由有实力的旅行社全面代理崇礼滑雪大区的产品渠道经营权。

④利用银行信用卡渠道，推出"东方雪都旅游卡"，建立多种销售渠道。

3. 公关策略

建议崇礼滑雪大区将公共关系作为旅游营销的主要手段，应关注以下公共关系的建立。

①媒体公关：建立与媒体间的良好关系。经常邀请京津和国内其他省份新闻媒体来崇礼滑雪大区采风或参与节会活动，长期在新闻媒介中以新闻报道的形式发布崇礼滑雪大区的旅游动态信息，针对申报"三冬会"等相关的内容进行新闻策划，主动捕捉能够引起轰动效应的各领域新闻。

②奖励旅行社：政府专门制定奖励政策，对组织、招徕客源的组团旅行社给予科学合理的打折优惠和现金补贴奖励，调动组团旅行社的积极性，激活旅游市场。

4. 活动与事件营销策略

根据适合的时段与旅游内容开展不同事件型活动，集中推广，汇聚注意力。具体活动如下。

①节庆游：针对崇礼滑雪大区许多独特的历史、民俗文化传统，持续举办具有地域独特性的节会活动。

②假日游：毋庸置疑，每年的各个法定长假是开展旅游的黄金档期，也就有了假日经济的研究。做好、做足假日旅游，便可以获得更多的市场份额，得到更多消费者的认同。

③主题游：设计不同旅游主题，集中推广与直接吸引具有相同倾向的消费者参与，如冰雪主题、温泉主题、休闲主题、生态主题、会议主题等。

除了常规的媒体广告宣传、大篷车活动、百城推介活动，以及诗歌、散文、摄影大赛等活动，还要积极主动地进行强强联合，如与国内一批知名高校建立合作关系，建设产学研实习基地、校外活动场地等，不断创新营销亮点，提升崇礼滑雪大区的知名度。

（三）营销方式与营销口号

1. 营销方式

（1）邀请明星代言

明星代言目前已被各个行业广为接受。崇礼滑雪大区可利用明星的平面肖像或录像进行宣传营销，借助明星的知名度提高新滑雪产品在目标消费群体中的认知率，促进滑雪产品销售。明星代言不仅能提升崇礼滑雪大区的名气，还会把明星本身所具有的特质移植到产品上，把明星良好的形象延续到产品中。由于明星的介入，消费者会将对明星的爱慕转移到产品中，进而对产品和企业产生好感。为符合滑雪系列产品的需要，邀请代言的明星气质要好，形象要健康、阳光、活泼、率真且积极向上。

（2）价格营销

以优惠的团购价格或年票、淡季票甚至免票等形式营销。例如，淡季赠送营销：向滑雪季住宿的游客赠送夏季住宿，吸引游客在夏季来崇礼滑雪大区欣赏风景，顺势推介四季旅游产品；或通过发放免费滑雪票邀请核心客源市场内的游客来旅游，再通过他们的口碑宣传赢得更多的游客；也可实施12岁儿童免门票的政策，只收取教练费。

（3）公益活动营销

由政府组织开展一些公益活动来提高崇礼滑雪大区的知名度，如公益绿化活动；或借助中国滑雪协会已有的企业家人脉，在企业家内部进行义卖、义捐等活动，并冠以"崇礼滑雪募捐"的头衔。

（4）人员营销

组织人员直接到大型企事业单位、学校等地进行营销，积极参与各类单位会议，组织职工培训等。在大城市的火车站、汽车站、步行街等一些人流量大的区域做大篷车宣传活动。在旅游展销会和旅游交易会上分发崇礼滑雪大区营销信息。

（5）宣传品营销

制作一套完善的营销材料，包括崇礼滑雪大区地图（手册）、单页游览介绍、崇礼滑雪大区介绍光盘和崇礼滑雪大区旅游纪念卡片等。

（6）影视营销

通过在崇礼滑雪大区拍摄影视作品来宣传营销，如以崇礼滑雪大区为拍摄地的生活题材影视剧或宣传崇礼滑雪大区乡土人情的农村题材影视剧。

（7）滑雪运动营销

联合国家体育总局、文化和旅游部开展滑雪雏鹰计划，在青少年中培养滑雪爱好者，逐渐提高滑雪人群比例，借助国家政策推动滑雪产业的发展。

（8）卡通营销

请国际卡通设计制作公司将首都、飘雪、雪都等字样制作成卡通形式，使市场营销更具形象性、丰富性，以增加游客的参与性。

2. 营销口号

突出紧邻京津的区位优势，以及天然雪、养生泉的资源优势，塑造崇礼滑雪大区健康、绿色、舒适、休闲的滑雪养生度假地形象。

（1）京津核心客源市场

东方雪都：崇礼滑雪，赤城沐泉，沽源赏花。

东方雪都——我爱你塞北的雪。

东方雪都，童话世界。

东方雪都，五色塞北。

东方雪都——梦中的雪国。

到东方雪都来体验银色假期。

白色恋曲，东方雪都。

东方雪都，我心飞翔。

东方雪都：崇礼天然雪，塞北边关情。

到东方雪都，滑天然雪，泡养生泉。

古韵明长城，娱雪红花梁。

雪世界，乐天堂。

（2）国内中远程客源市场

国内中远程客源市场的目标客源多为专业滑雪者，宣传重点突出崇礼滑雪大区滑雪资源的品质。

东方雪都，滑雪天堂。

东方雪都——瑞士的滑雪品质。

滑雪胜地，京北东方雪都。

东方雪都，高尚生活典范。

（3）日本、韩国客源市场

针对日本、韩国滑雪游客的消费喜好，宣传重点放在崇礼滑雪大区优质的滑雪资源、温泉资源、生态环境资源以及温馨的服务上。

东方雪都，五色塞北。

中国塞北滑雪，享受极品生活。

中国塞北东方雪都，品质滑雪。

中国塞北东方雪都——瑞士的滑雪品质。

（四）成功营销案例借鉴：007 和奥地利索尔登

自 1962 年起，詹姆斯·邦德的电影就开始向大家展示全球那些独具魅力的地区，极大地刺激了当地旅游业的发展。奥地利的索尔登就是这方面一个很好的例子：邦德系列电影的第 24 部《幽灵党》曾在这里拍摄。2014—2015 年，摄制组和演员在索尔登进行了电影部分动作场景的拍摄。随后，这里便成为全世界最著名的滑雪区。

2014 年 12 月举办的松木制片厂新闻发布会上，007 的导演山姆·曼德斯宣布影片的取景地包括伦敦、罗马、墨西哥城、丹吉尔和索尔登。"我们要把邦德先生带回阿尔卑斯地区，带回冰雪之上，带到奥地利的索尔登。"早在 1977 年的邦德系列电影《海底城》中就出现过经典的滑雪追逐镜头，它们就是在奥地利拍摄的，索尔登也因此赢得了大范围的媒体关注。

它同时还是蒂罗尔地区最大的一次电影拍摄活动，不仅带来了直接的经济影响，还包括长期的媒体影响和电影旅游机会。拍摄影片意味着摄制组要在小镇上建立办公室，相关工作人员近 500 人，包括 150 名本地电影人，整个拍摄周期需要 22 天，计划从 2014 年 12 月到 2015 年 2 月。

团队之所以会选择索尔登，除了取景方面的考虑，还有一个原因就是那家豪华的 iceQ 餐厅。写给 Cine Tirol（地区电影委员会部门）的一篇文章指出，电影拍摄对地区的经济影响是巨大的："包括拍摄成本、住宿、餐饮，以及蒂罗尔本地电影人的住宿、交通和薪水，整个拍摄团队在蒂罗尔地区的开销达到了 600 万美元。单单是对旅游业的影响已经不可估量：整个拍摄团队的过夜住宿天数将达到 26000 天，此外，电影的拍摄还会引发国际媒体的关注，为厄兹塔尔和知名度较低的东蒂罗尔地区带来更多的电影旅游机会。"

索尔登的格伦瓦尔德滑雪度假村在宣传方面搭上了邦德这班车，鼓励大家在电影拍摄期间来度假，还特别强调了可能会出现的丹尼尔·克雷格的拍摄场景。其官方宣传语写道："抓紧预订您的滑雪假期，如果足够幸运的话，您或许可以见到这位秘密特工。"网页上还提供了电影新闻发布会的链接以及可能的拍摄时间和地点信息。

索尔登之所以被选为影片的最佳拍摄地点，一个很重要的原因就是 iceQ 餐厅。索尔登登山索道公司于 2013 年 12 月在该地区最初的滑雪山 Gaislachkogl 上建造了这家餐厅。餐厅同山顶由一条吊桥相连，其本身是一座超现代的玻璃建筑，建筑材料均取自本地；当然，它还提供一流的菜肴。索尔登的官网将 iceQ 餐厅誉为烹饪的巅峰，"一座位于海拔 3048 米处的多功能无障碍美食殿堂"。餐厅的屋顶设有全景阳台，外立面全部由玻璃制成。"整个建筑看上去就好像透明的一样，和周围的自然环境完美地融合在一起。这里还是复线式高山缆车的最高站，旅游者们来到蒂罗尔，iceQ 是无可争议的必到之处，它是整个滑雪区的建筑杰作。"

《幽灵党》摄制组选择索尔登的另一个原因是它独特的冰川位置和可进入性。"便捷的物流渠道对地点选择来说非常重要，"蒂罗尔广告股份有限公司旅游市场营销主管说道，"通过公路可以直接到达冰川滑雪场，雪场内提供直升机降落区，大型缆车直达 iceQ 餐厅"。索尔登在网站上发布了关于电影拍摄的通告，并向大家致歉，因为在电影拍摄期间某些设施的使用可能会受限，从而影响正常的滑雪活动。他们还发布了一些《幽灵党》的幕后拍摄场景，包括丹尼尔·克雷格开枪射击和在雪中追逐一辆着了火的汽车的画面，页面还可以直接连接 Facebook、Twitter 和 Instagram。这些预热短片连同导演山姆·曼德斯的专访以及关于每个拍摄地点的新闻报道，还在 007 的网站上播放，浏览者还可以通过网站购买《幽灵党》的宣传海报。

2015 年 2 月公开的电影短片引发了一场媒体风暴，英国的《每日电讯报》极力夸赞了缆车上那"惊鸿一瞥"的景致。《每日电讯报》援引了联合出品人格雷格·威尔逊的话："这是影片的一个主要动作场景，可以说是王冠上的宝石了。相信我，场面是非常壮观的，奥地利几乎提供给了我们所需要的一切。"文章中还附上了标志性的 iceQ 餐厅和缆车的照片。

然而，在拍摄过程中，相关信息并没有大肆传播，厄兹塔尔旅游局则计划将自身定位为"詹姆斯，邦德之地"，为即将到来的雪季做宣传。"对市场营销和媒体活动来说，这是一个很好的卖点，"卢法斯说道，"除了过夜游数量和附加值的增长，厄兹塔尔旅游局还希望能够借助詹姆斯·邦德系列电影的名声让蒂罗尔的厄兹塔尔山谷成为更多电影的取景地"。蒂罗尔电影协会（Cine Tirol）将为电影人提供免费的取景地服务。

2015 年 11 月 6 日，《幽灵党》公映，这对索尔登来说是一个绝佳的滑雪季前的宣传，此外，能够成为这样一部卖座的系列电影的主要取景地也令该地区持续受益。

奥地利索尔登的成功离不开其正确的营销手段以及当地政府的支持，河北省崇礼滑雪旅游区的发展可以借鉴索尔登的这些经验，以促进崇礼滑雪大区的品牌建设和旅游发展。

第四节　滑雪旅游城镇发展规划

一、崇礼滑雪特色小镇现状

（一）发展概况

近年来，崇礼区在积极打造以雪上项目为核心的旅游基础上，依托资源禀赋、滑雪特色、产业集聚和政策保障支持，积极推动"旅游+"战略的部署，将旅游产业与运动休闲、文化创意、健康养生、房产投资等相关产业进行集聚交融，并发挥特色产业融合功能，推进崇礼滑雪产业集群化建设，形成以雪上项目为特色的旅游产业聚集中心和居住地，即滑雪特色小镇，使得张家口市崇礼区进入新的发展阶段，实现全域、全季、全民、全要素、全产业的城市大格局。

截至 2018 年，全区已建成 169 条 161.7km 的雪道（其中包括 10 条国际认证雪道），67 条 44.5km 的索道魔毯拖牵；共有雪具 10900 套，最大承载量近 50000 人次。在 2017 年 WSTOPS 冬季运动奖评选中，万龙、云顶、太舞、富龙四家雪场入围"中国滑雪场十强"，崇礼区被评为"冬季旅游目的地十强"。同年，由国家体育总局颁发的全国群众体育先进单位荣誉称号也花落崇礼。作为河北省重大节庆活动之一，"中国·崇礼国际滑雪节"已成功举办了十九届。从 2005 年起，每届都举办、承办包括了国际 A 级和国际 B 级在内的国际雪联高山滑雪积分赛、国际雪联高山滑雪远东杯赛等高级别赛事，以及全国单板滑雪锦标赛、全国大众回转友谊赛、全国高山大众回转赛等国内重大赛事。2018—2019 年雪季以"欢天喜地享民俗，冰雪激情迎冬奥"作为主题，崇礼在 3 个月内共举办了 60 项国内外大众雪上项目赛事以及 13 项国际顶级专业赛事。据河北省张家口市崇礼区委宣传部消息，2018—2019 年雪季全区接待游客人次创下历史新高，实现滑雪旅游收入 18.4 亿元，同比增长 7%。

崇礼作为多民族聚居地，古时是鲜卑、突厥等少数民族的游牧区。汉民族与西北少数民族长达千年的文化交融，加上西湾子镇石窑子天主教堂等外域文化遗产底蕴，形成了当地多元包容的历史文化特色，底蕴深厚。崇礼拥有独特民俗风情，庆元宵灶火活动是崇礼区历史悠久的重要民俗文化活动之一。2018 年崇礼开始举办传统的民俗文化旅游节，以雪上项目赛事为核心亮点，融入中国传统元素，以本土年俗活动展示地方文化魅力，并同拥有丰富京城庙会组织经验的团队一起，邀请了阳原背阁、蔚县打树花、吴桥杂技、尚义二人台等非物质文化遗产以及传统民间民俗技艺的传承人和表演者，传承、弘扬和推广崇礼年俗文化。

（二）发展问题分析

1. 总体规划能力不强，沟通、协调不畅

交通状况的好坏影响着人们对于冰雪体育特色小镇的出行率，大部分冰雪体育特色小镇建在山上，道路崎岖，不熟悉路途的游客在夜间上山比较危险，尤其是交通道路修建过程中，没有路灯的情况下容易发生交通事故，这将直接影响到游客的生命安全。游客在白天去部分冰雪体育特色小镇的旅途中大部分采用导航的形式，但部分滑雪体育特色小镇交通道路混乱，容易引导游客多走"冤枉路"。其次在管理方面，工作人员的办公地点比较分散，当雪场出现问题时因为交通不便导致工作人员之间无法及时沟通，问题在第一时间内得不到解决。因此，交通基础设施规划是影响河北省崇礼区各大冰雪体育特色小镇发展的原因之一。

2. 运营管理水平不高，接待能力欠缺

管理是指企业或组织，为完成个人无法实现的目标，通过各项职能活动，合理分配、均衡有关资源的过程。河北省崇礼区冰雪体育特色小镇在运营管理、人才引进、服务态度方面还存在较大差异。大部分滑雪场是民营企业，在运营方面更注重经济效益的回收，而冰雪体育特色小镇受季节的影响，分为旺季和淡季，从雪季开始到结束，随着游客的增加，企业进行阶段性员工招聘，招聘的新员工质量不高，冰雪小镇在管理方面缺乏相应的人才保障制度，导致大量冰雪人才的流失。细节决定成败，态度决定一切。随着人们经济水平的提升和生活质量的提高，人们对企业服务人员接待能力的要求越来越高。由此可见，冰雪体育特色小镇在运营管理和接待方面没有形成规范，有待进一步改善。

3. 融资渠道单一，经费投入不足

雨水量不足，人工造雪耗量大，资金匮乏。因冰雪的形成受天然气候的影响，在雨水不充足的情况下，各个冰雪小镇采取人造雪的应对方式，造雪机在造雪的过程中消耗巨大，导致小镇亏损严重。大部分冰雪小镇都是私营企业，冰雪运动项目受季节性影响，主要集中在冬季盈利，但存在资金回笼时间长、资金链断裂

等问题。

4.环保意识不足，生态保护堪忧

"一方水土养一方人"，生态平衡制约着人们的生存和发展，冰雪体育特色小镇的建设对地域、自然条件有着严格的要求。滑雪场范围较广，有的滑雪场对游客滑雪过程中产生的垃圾未能及时进行处理，在关键的地方没有设置保护草坪及树木等标志牌。因此这也是各大滑雪场景区应该重视的问题。

（三）发展对策

1.增加冰雪项目，合理规划布局

大部分冰雪体育特色小镇冰雪资源未最大化合理利用，导致这一状况的根本原因是规划不合理，资金不足，大部分小镇是私营企业投资，在资金方面有所欠缺，由于冰雪运动属于季节性运动，所以企业在资源的分配上要利用当地自然优势进行科学化、合理化的分配。在冰雪项目上，可以根据游客的需求、结合当下政治环境、经济环境，适当开展"冰雪＋赛事""冰雪＋科技""冰雪＋互联网""冰雪＋旅游"等活动，在原有的冰雪项目上进行项目升级，以满足人们的需求。在淡季，可以增加其他项目的开展，一方面补足资金缺口，另一方面增长经济效益的同时不会造成资源闲置。

2.提高运营水平，提升服务质量

企业的服务质量与游客的满意度密不可分，制定总体目标，因此企业需制定统一的培训制度，建立效率指标，定期进行考核，进行员工评比等。

3.加大资金投入，完善基础设施

大部分冰雪体育特色小镇在基础设施方面一般，而部分小镇在基础设施方面无法满足游客的需求，又因为交通不便导致游客体验度降低，游客更不会增加重复游玩的次数。在基础设施方面各冰雪体育特色小镇有待完善，比如增加行李寄存、建立游客服务中心等。在雨水量不充足的情况下，人造雪占各个冰雪小镇的绝大部分，但人造雪的成本消耗巨大，大多数冰雪体育特色小镇是私营企业，资金链短缺，政府应加大关注度，给予经济支持，增加造雪设备，可以在更短时间内缩短造雪时间，造出更多优质的雪供滑雪者体验。在淡季，可以利用雪场现有资源，开展其他户外项目，从而增加收益。

4.加强环境治理，促进可持续发展

生态环境的保护与体育运动、旅游存在对立统一的局面。保护生态环境是冰雪运动发展的前提，游客在进行冰雪运动前需完成饮水、进食等相关事宜，在准备进行滑雪运动时一般不携带物品，这样游客在进行冰雪运动时对环境的破坏程度比较小。

二、崇礼滑雪旅游小城镇发展战略

（一）战略定位

崇礼滑雪大区地处北京西北部，河北省西北部，潮白河水系白河流域，北依坝上草原，南邻首都、国际化大都市——北京，这种独特的区位优势是进行崇礼滑雪大区战略定位的重要前提。本书依据错位发展、优势互补的基本原则，结合崇礼滑雪大区自身的基础条件，从区域、产业、生态和滑雪开发的角度对崇礼滑雪大区未来的发展进行战略定位。

1. 区域角度定位

（1）环渤海经济圈的纽带

从广义上来讲，崇礼滑雪大区处在北京、河北、山西、内蒙古交界处，位于环渤海经济圈内，优越的区位优势和便捷的交通条件，使该区域成为连接京津、沟通晋蒙、支持沿海、开发内陆的纽带。高速公路、轻轨等交通的建设，将为环渤海经济圈开辟新的辐射通道，该区域将成为北京、天津、河北、山西、内蒙古相互交流的枢纽，必将推动环渤海经济圈的发展，成为河北北部崛起的契机。

（2）环首都经济圈的新经济增长点

崇礼滑雪大区位于环首都经济圈内，作为环首都经济圈的成员之一，要结合自身资源特点，加强与首都地区在发展空间、产业功能、资源要素、基础设施、产业政策等方面的对接融合，推动滑雪旅游产业升级、现代旅游服务业水平提升，使之成为环首都经济圈的新经济增长点。

（3）冀北振兴前沿

河北各地区经济发展差别极大，极化现象突出，为了缩小河北南北差距，振兴冀北，着重培养张家口、承德成为冀北的重要增长极，而崇礼滑雪大区将成为冀北新的经济增长点。滑雪旅游、度假配套服务设施的建设，对带动冀北发展、促进环京津实现一体化协同发展具有重要意义，将成为振兴冀北的战略前沿，加速冀北的崛起。

2. 产业角度定位

（1）环渤海滑雪旅游加工产业基地

结合崇礼滑雪大区的建设，在滑雪旅游业的发展带动下，大力发展相关地方特色加工业，特别是加强与冰雪相关的滑雪器材加工业、滑雪服装加工业、冰雪旅游纪念品加工业的发展；发展高附加值的循环加工工业，实现经济结构的全面升级，成为环渤海滑雪旅游加工产业基地。

（2）滑雪旅游休闲服务产业基地

以生态产业为主导，坚持循环经济的理念，着力培育打造旅游休闲产业，以发展滑雪旅游产业为龙头，带动相关会展、咨询、娱乐服务业的发展，将崇礼滑雪大区打造为滑雪旅游休闲服务产业基地。

（3）旅游服务产业基地

围绕崇礼滑雪大区的发展，增加旅游服务设施的建设，重点建设旅游宾馆、饭店、旅行社等，增强旅游服务职能。同时，完善旅游服务制度建设，建立完善的社会服务和保障体系，为旅游业发展提供软件、硬件的配套服务，建设高标准的旅游服务产业基地。

3. 生态角度定位

（1）张家口北部生态涵养区

崇礼滑雪大区是京津生态区的重要组成部分，是首都北京的生态安全屏障，也是三北防护林的重要建设地区。然而，此处生态环境非常脆弱，需加大对山体的保护，拆除对山体景观和植被有破坏的建筑设施，植树造林，加强水土涵养，确立其张家口北部生态涵养区的地位。

（2）北京市水源涵养区

崇礼滑雪大区是张家口自然生态环境最佳的地区之一，地处北京的上风上水区，是北京的饮用水资源基地，黑河、白河、红河三条河流全部汇入密云水库，占密云水库全部水量的1/3，是北京重要的水源涵养区。

4. 滑雪开发角度定位

（1）国际级滑雪基地

根据崇礼滑雪大区的区位条件、冰雪资源条件，从东北亚大区域海拔来选择发展定位，力争成为服务中国北方、韩国、日本、俄罗斯远东的重要冬季滑雪基地、国际滑雪旅游集散地和滑雪旅游服务中心。

（2）区域旅游目的地

依托崇礼滑雪大区滑雪项目的建设，冬季发展滑雪，春、夏、秋季开展相应的休闲旅游，主要吸引北京、天津、河北、山西、内蒙古的游客，打造高水平的旅游服务城镇，使其成为重要的区域旅游目的地。

（二）特色旅游小城镇发展战略

1. 经济发展战略

崇礼滑雪大区经济发展战略是实现经济结构的全面升级和转型，合理调整传统产业结构，建立以生态产业为主导的循环经济产业结构，依托国际级滑雪基地和区域旅游目的地的建设，重点发展旅游服务业和相关产业，适度发展高附加值循环加工工业，使高端休闲旅游产业得到快速发展。

（1）大力发展旅游服务业

旅游服务业是崇礼滑雪大区的主导产业，在崇礼滑雪大区内着力培育打造旅游休闲产业，以发展滑雪旅游产业为龙头，带动相关会展、咨询、娱乐服务业的发展。加强旅游城镇基础设施和公共服务设施建设，增强城镇的旅游服务功能。

（2）适度发展滑雪旅游加工工业

借助滑雪旅游产业，适度发展相关的具有地方特色的加工工业，尤其是发展与滑雪相关的滑雪器材、滑雪服装、滑雪旅游纪念品的加工业，以滑雪旅游带动特色加工工业的发展。

2. 社会发展战略

（1）旅游业带动城镇化

崇礼滑雪大区以滑雪旅游产业为龙头，带动了相关会展、咨询、娱乐服务业的发展，扩大了经济规模，为当地居民提供了更多的就业机会，增强了城镇的综合承载力；带动了为滑雪旅游配套服务的加工工业的崛起，为居民提供了更多的就业岗位，从而带动了各行业发展，提高了城镇化水平，使整个崇礼滑雪大区社会经济不断发展。

（2）重构区域城镇体系

随着崇礼滑雪大区的开发建设，原有的张家口城镇体系将不适应新形势发展的要求，需要重构张家口城镇体系结构，做强崇礼滑雪大区中心城区——崇礼区，加快滑雪新建成区和重点城镇的建设，促进崇礼滑雪大区内中心城区、小城镇和中心村的协调发展，全面提高城镇化发展质量。

3. 生态环境保护战略

（1）完善区域生态本底资源

在崇礼滑雪大区范围内，以生态系统安全为基础，实施退耕还林，加大对山体的保护，拆除对山体景观和植被有破坏的建筑，植树造林，加强水土涵养，在河流两侧进行植被养护，保护水体环境，通过对山水资源的保护和利用，促进区域生态和谐发展。

（2）加强城镇建成区绿化

在滑雪旅游城镇内部，加强绿化种植。通过公园、街头绿地等公共绿地和防护林网，构建点、线、面相结合的绿地系统，使绿化覆盖率达到40%以上，并将城镇内部的绿地系统通过生态廊道与城镇外围的大面积绿地相互连通，构建良好的生态系统。

（3）加强生活污水处理设施建设

崇礼滑雪大区内的中心城区和旅游小城镇都要着力完善生活污水处理设施建设，改变污水随地排放的现状，生活污水须处理达标后排放。严格实施水资源保护，并且加大污水处理厂和生活垃圾无害化处理设施的建设力度，综合整治环境，创造良好的人居环境。

4. 空间发展战略

（1）做大核心滑雪旅游城

为了提升崇礼滑雪大区的核心滑雪旅游城功能，必须强化区域核心的地位。崇礼区作为崇礼滑雪大区内唯一的城区，是滑雪旅游服务基地的中心，应在经济、人口和空间上进一步将其规模做大，使其更能发挥区域中心城区的作用。

（2）依托滑雪场发展

在崇礼滑雪大区分布着云顶滑雪场、摩天岭滑雪场、多乐美地滑雪场、万龙滑雪场、长城岭滑雪场、冰山梁滑雪场六大精品雪场，滑雪城镇的发展必须依托滑雪场，加快滑雪场周边旅游城镇的建设，使旅游城镇成为提升崇礼滑雪大区经济和功能的重要支撑，将其发展成为张家口新的经济增长点。以崇礼城区为引擎，奥运滑雪小镇为核心，带动镇宁堡、窑子湾、独石口、黄土嘴、翠云山、太平庄、马丈子、盘道沟等滑雪旅游小镇的发展。

三、案例分析：崇礼太舞滑雪小镇

（一）运营战略

太舞滑雪小镇立足于崇礼产业集群化发展，市场定位为四季经营的大型滑雪山地度假区。其与崇礼以雪上项目为特色的旅游产业相呼应，以雪上项目娱乐作为突出特色，将休闲、运动、娱乐等业态融合，形成全季、全龄、全家庭的全息休闲娱乐目的地。

滑雪是冰雪旅游的核心项目之一，但相较于瑞士、奥地利、日本、美国等世界滑雪强国，中国仍是全球最大的初级滑雪市场，绝大部分滑雪人群属于体验型，而滑雪体验型人群转化到滑雪爱好人群的概率还比较低。伴随 2022 年北京冬奥会的临近，以及三亿人参与冰雪运动、推动冰雪进校园等一系列国家政策的实施，使得冰雪运动不再仅限于北方市场，其在全国的普及与推广力度日益增强。经考察走访，因为冬奥会为崇礼带来的天然的、极具影响力的广告，以及休闲旅游产业的升温，南方的游客占比逐渐上升，成为崇礼重要的客源市场。近年来有许多广东、上海、南京等南方省份组团前来崇礼的游客。有些游客除了体验滑雪运动、休闲度假，还进行房地产及商业投资。有些游客不仅没有雪上运动的基础，甚至从来没有见过雪。根据核心目标客群划分，崇礼的滑雪场属于目的地型滑雪场，有着齐全的雪道产品，消费者一般选择过夜消费。故崇礼消费者市场定位都以休闲、运动、度假为主，以家庭、亲子的滑雪娱乐为核心，将占比较大、消费能力较强的滑雪项目的初学者、中级水平的滑雪者以及中产家庭消费者作为主要的市场目标。

（二）配套设施

1. 太舞滑雪场

太舞滑雪场是太舞滑雪小镇的重要组成部分，总占地面积 400km²，拥有亚洲规模最大的滑雪初学者区。在雪道建设方面，规划雪道约 200 条，总长度达 138km。目前已建成雪道 31 条，总长 30km，初、中、高级雪道占比分别为 3：4：3。"奔跑的舞者"赛道被国际雪联认证为世界级一流雪上技巧场地之一；4B"波尔卡"与 4C"华尔兹"赛道已被认证为具有国际标准的高山滑雪的比赛场地。在索道魔毯建设方面，规划索道 45 条，魔毯 21 条，总长度 38.23km。造雪面积约 80km²，配备 6 条高速缆车。

在装备设置方面，滑雪场内采用意大利著名压雪车品牌普瑞诺特（Prinoth），配备法国 POMA 品牌的 4 人脱挂式报索器高速吊椅缆车（配备防风罩），以此提高游客的滑雪效率以及舒适度；在安全装备方面，滑雪场组建了拥有国际专业水平的巡逻队负责雪场安全，配备 2 艘专业雪上救护船、2 个巡逻值班点以及 8 台雪地摩托车等，在度假区内也设置了专业医护点，保障游客人身安全；在滑雪用品租赁方面，引进国际知名滑雪品牌 FISCHER 雪具作为租赁器材，其中单板租赁采用国际知名品牌 ELAN，为消费者提供高端印象。

2. 酒店娱乐

太舞滑雪小镇已建成四星级的凯悦酒店、源宿酒店，以及四星级标准的太舞酒店和鹰巢国际青年旅舍，是崇礼境内第一个引入国际酒店管理品牌的度假区。现小镇内拥有十七家不同风味的餐饮美食，包括崇礼全区内唯一一家星巴克、川味火锅、日韩料理、"最美山地餐厅"，以及坐落于太舞滑雪滩核心区域的北欧风格酒吧（消费者在休憩之余还可享受现场乐队表演）等，便于满足来自不同国家和地域的消费者饮食需求。除此之外，小镇还建有 KTV、温汤 SPA、北美风情商业街，以及可容纳 152 人的菲比小剧场，小剧场可上演话剧、汇报演出以及同步放映院线电影。

3. 房地产及投资项目

太子城冰雪小镇项目由中赫太舞开发建设，坐落于冬奥核心区崇礼太子城域内。其与太舞滑雪小镇、太子城金代遗址公园相连，周边汇集冬奥村、冬奥跳台滑雪、冬季两项、北欧两项及越野滑雪场地，内部涵括 2022 盛会颁奖广场、商业街、景观湖、国际度假酒店群、雪上项目特色配套区等旅游度假设施。冬奥会期间，河北省崇礼赛区产生的 51 枚金牌颁奖仪式将会在太舞的颁奖广场进行。除此之外，冬奥文化庆典以及相关展示活动也同样在这里举行。目前，洲际酒店、北辰集团、中演集团、阿里巴巴等多个顶级度假运营品牌已签约入驻。该小镇距离冬奥专线高铁站——太子城高铁站步行只需十几分钟。据太舞规划中心营销人员介绍，小镇不仅仅只注重奥运和冰雪。在 2022 年冬奥会举办过后，小镇作为国际度假胜地，四季运营将会被作为主要运营模式，这也是小镇可持续发展的重要举措。

4. 产品打造

（1）人文艺术产品方面

太舞滑雪小镇是崇礼首个举办超级大型雪地音乐节的度假区，2019 年与 BTV 合办的跨年晚会之酷雪音乐节引爆热潮，吸引了万名观众。在夏季，太舞山地艺术季作为太舞滑雪小镇主要文化艺术类 IP，于每年 7 月至 9 月举办。在其间开展了涵括音乐、电影、绘画、摄影、展览等丰富的活动。除此之外，太舞滑雪小镇还开展了太舞山地狂欢节、六一山地儿童节、交响音乐会、星空音乐节、春节嘉年华等多项人文特色活动。

（2）赛事活动承办与培育方面

自 2016—2017 年雪季起，太舞滑雪小镇作为国际雪联自由式滑雪雪上技巧世界杯的主要举办地，已成功举办了三届系列赛事。在 2018—2019 年雪季，太舞开始积极承办国际雪联高山滑雪远东杯系列赛事。国际雪联高山滑雪远东杯被认为是国内最高规格的高山滑雪赛事，其也是国际雪联第二级别洲际赛事，具有很大的影响力。

（3）冬令营及夏令营

在太舞冬令营的产品内容中，由外籍教练为客户提供不同级别的滑雪课，包含初级、中级和高级的滑雪课程，以此配备不同类型的冬令营。

第五章 中外滑雪体育旅游区发展经验借鉴

本章为中外滑雪体育旅游区发展经验借鉴，分别从外国滑雪体育旅游区发展经验借鉴、我国滑雪体育旅游区发展经验借鉴两个方面进行了介绍。总结了国内外具有代表性的滑雪旅游度假区的发展经验以及对崇礼滑雪大区的启示。

第一节 外国滑雪体育旅游区发展经验借鉴

一、瑞士

（一）采尔马特滑雪胜地滑雪介绍

采尔马特是闻名全球的四季滑雪胜地，由于海拔高，滑雪运动能一直持续到夏季。夏季滑雪仅限于马特峰后面的特奥道尔（Theodulgletscher）冰河，严格地说，在5—6月的淡季，这里往往只有一两条雪道开放，主要的冰河区域直到7月都不会开放。采尔马特滑雪大区主要有四个不同滑雪地区：马特峰／黑湖、苏内加（Sunnegga）、戈尔内格拉特（Gornergrat）峰，以及位于意大利境内连接切尔维尼亚（Cervinia）和瓦托内切（Valtournenche）的线路。

马特峰／黑湖：在靠近采尔马特的南部边缘，马特峰快速索道火车载着游客快速上升，到达位于富里的中转站。从这里开始，经过右边通往特罗克纳施泰格中间站的缆车，高速游览车进入黑湖，然后上升至马特峰。一条2006年开始使用的全新高速游览车，把富里和位于戈尔内格拉特峰的利菲尔堡（Riffelberg）连接起来。在采尔马特旅游区，该缆车一直饱受争议：如果不通过戈尔内格拉特和城镇边缘与对面的马特峰入口之间的村庄，在山谷两侧滑雪将极为困难，但通过村庄这段路同样异常艰辛。

苏内加：搭乘缆车进入苏内加乐园，紧接着乘坐游览车去往布劳赫德（Blauherd），然后坐电缆车到达布里恩茨罗特峰（Brienzer Rothorn）。即使当采尔马特掩映在云中的时候，因为山谷和山脉的独特地形，布里恩茨罗特峰依然显得格外清晰。从布劳赫德搭乘缆车下至冈特，在那里有大型缆车可以一直到达布里恩茨罗特峰，缆车在连接苏内加和戈尔内格拉特峰的路线上很常见。由于没有太多险峻的斜坡，很多年轻的滑雪者经常到这边来滑雪。

戈尔内格拉特峰：可以坐火车到戈尔内格拉特峰。这条铁路与戈尔内格拉特峰同名，途经里弗尔阿尔卑（Riffelalp）、罗登波登（Rotenboden）和利菲尔堡（Riffelberg）（火车仅在该镇的 Findelbach、Landtunnel 两站做短暂停留）。虽然爬上戈尔内格拉特峰（海拔 3089m）的道路艰辛而漫长，但这段旅途风景如画，令人心旷神怡。在顶峰处，有缆车连接戈尔内格拉特峰和苏内加，有更远的缆车可直达罗特峰。两列电缆车都能够横穿 Rote Nase（3247m），直达托洪峰（3405m）。这两条电缆车提供独特的免乘区域，但当山腰需要覆盖大量的积雪来作为滑雪场的时候，就不能提供免乘区域了。缆车受季节变换和积雪量的影响，仅在 2 月下旬到 3 月上旬开放。

特奥多尔帕斯（Theodulpass）顶上的特斯塔格里加（Testa Grigia）连接着意大利的滑雪胜地：切尔维尼亚和瓦托内切。从瑞士那边只可通过滑雪梯到达，而从意大利那边则可通过缆车和升降椅到达。

（二）对采尔马特滑雪胜地的特质分析

正面特质：采尔马特在国际滑雪旅游上享有超然地位，是空气最纯净的滑雪天堂；与切尔维尼亚相连的高海拔滑雪场保证能让游客体验到前所未有的滑雪快感。此外马特峰壮丽的景色，世界闻名的 Gornergrat 观景台，度假小镇的无车化管理，各式各样的商店、酒吧、饭店，以及各式各样的夜生活场所等，吸引了大批游客来此旅游。采尔马特滑雪胜地的雪道的级别较高，其中，专业雪道占雪道总数的 12%，高级雪道的比例更是高达 30%。为了维持洁净的空气，采尔马特不准燃煤（油）的车辆进入，形体轻巧的电动车、马车与脚踏车是这里的主要载运工具。

负面特质：度假中心旅游景点过多，适合初学者的雪道较少；滑雪区（Gornergrat、苏内加及小马特峰）应更好地联系在一起；滑雪升降机门票及一些旅馆、酒吧、餐厅价格昂贵；滑雪升降机离采尔马特小镇太远，需乘巴士或长途步行才能到达。

（三）采尔马特滑雪胜地经验借鉴

采尔马特的部分项目，目前河北省崇礼滑雪大区还无法开发。但是，仍然能从采尔马特的案例研究中借鉴许多经验。

地下停车场及运输设施——不断更新及扩充，追求舒适、安全、便利。精良的滑雪设施、顺畅的索道交通、其他运动设施——将潜力全部激发出来。多样的博物馆——讲述该地区发展的传奇故事。四季高质量旅游服务——开发阿尔卑斯村庄，建立村庄中心，让游客能放松享受丰富多彩的夜生活。文化庆典——对丰富及加强旅游发展经验十分重要。重视环保——实施自然保护区战略。其中，环保举措尤其值得河北省崇礼滑雪大区借鉴。

1. 无污染运输

为了防止产生可能破坏采尔马特美丽自然风貌的空气污染，整个城镇不允许燃煤（油）车辆通行，形体轻巧的电动车、马车与脚踏车是这里主要的载运工具。警察局可以发放一种允许居民驾驶汽车并停在城镇北部边界的通行证。只有一些紧急救护的交通工具（消防车、救护车）才被允许使用内燃机。多数旅游者都从 Tsch 镇附近通过 Rack 铁路 / 齿轨铁路或出租车到达采尔马特。火车起点位于菲斯普和 Rig 最南端的采尔马特，菲斯普和 Rig 处于瑞士铁路线的主干线上。旅店提供小型电动车或出租汽车在小镇边界地带中转，从主要火车站接送旅客去旅馆；小镇还配有直升机场和直升机，飞行员被称为"空中 Zarmatt"，为游客提供高山救援服务。

2. 可持续发展策略

采尔马特山地运输公司于 2002 年制定了一个由环境规划公司组成的工作组，对采尔马特附近可持续发展的滑雪区域进行总体规划，重点是那些工程项目与自然环境有矛盾的区域。随后，工作组的职责范围扩大到完成环境监测任务，如对所有环境相关问题提出建议、制作工程项目申请的环境报告等。在申请工程项目、更换运输设施、选择路线时，公司对工程利益与地区生态价值进行详细对比。在对以前的环境损害进行生态修复时，采尔马特山地运输公司开发出了一套全新的环境标准（目前全瑞士都在使用该标准），不仅如此，公司还致力于与各类环境组织建立长期透明的合作关系。

3. 环境损害清单

几十年来，采尔马特山地运输公司经历了旅游设施的飞速发展，同时，也累积了环境问题。所以，2002 年，公司罗列出了一张早期损害及工程项目遗留下来的地形损伤清单，并安排了恢复计划。每年，恢复计划的实施都得以提高，不再使用的土地逐渐退还为自然森林。

4. 森林及野外竞赛保护计划

2003 年，采尔马特山地运输公司联合猎场看守人、森林警察、生物学家共同制订森林及野外竞赛保护计划，以提高森林覆盖率及野外竞赛的自然条件。保留区用栅栏分离出来进行保护并附上相应注意标志，而特别建立的竞赛观看点会建造在离赛道较远的地方，这样游客既能有机会欣赏到不同的野生动物又不会惊扰它们。该计划还开展了一次大范围的野生动物知识普及活动，当地居民及冬季游客都对野生动物保护有了进一步的认识——那些离开赛道、无边界的滑雪活动对本身就已处于弱势的动物来说尤其致命。

5. 自然环境恢复

环境的损害，一方面是由于自然因素的影响，另一方面是由人类活动对土地的开发使用所造成的损害。如果被损害的植被不能得到稳定恢复，土地裂缝就会加宽，环境腐蚀就会增加。目前，采尔马特山地运输公司在努力避免对滑雪场地区的进一步损害，同时，也在对已损害的地区进行恢复，尽量使这些地区接近自然原生态。2005 年夏季，采尔马特山地运输公司在 Gant 地区发起了另一场大范围的自然恢复活动。该活动包括将大量尚在使用的线路退还为自然林区。环境损害清单的恢复计划同样包括了清理过去 3 年里采尔马特滑雪胜地对天然地形造成的影响——搬走需要更换的设施并不再使用。

6. 重新植树造林

在高地上重新植树造林，其难度可想而知。但是，部分地区必须进行土地侵蚀保护以降低土地的损害程度。通过播种（特别是在损害程度严重的地区）及种植幼树能有效解决植被区地缝扩大问题，同时，也能让土壤侵蚀严重的地区再度春意盎然。植被区种植的树种大部分来自瓦莱山区，少部分是科学家从野外收集然后人工培育的。科学家对现存的植被进行精确的记录后，才培育出了适用于高山地区的混合性树种。在专业的管理下，通过在 Aroleit 试点的一系列测试，科学家终于发现了适用于陡峭光滑高地的理想种植形式。

7. 工程项目的环境监测

一名受过专业科学训练的科学家会对所有工程项目、退地恢复自然环境及高地重新植树造林工作进行环境监测。其目的不仅是使所有在建工程符合环境要求，同时，还将为保留地面积和长期可持续发展可行性考虑提供有效的数据。项目监测器会提醒工程人员，让他们随时了解生态状况，监测器同样还负责为游客提供相应信息。如果工程项目是由其他公司执行，监测器会在一开始向他们提供关于工程作业需符合的环境条件信息，特别是注意对土壤的保护。如果这些条件未被满足，开发公司将会受到严厉的惩罚。

8. 环境教育

采尔马特山地运输公司越来越重视生态内部联系的学术交流，并且在各地建立了互动观测站，希望能增加采尔马特滑雪胜地的吸引力，特别是在夏天的吸引力。

9. 保护采尔马特植物群

早在18世纪末就有一群浑身挂满样本器皿的植物学家来到了采尔马特。很快，关于这里植物群美丽及植物类型丰富、罕见的消息便不胫而走。采尔马特植物中有40多种植物是瑞士其他地区很难见到的，还有7种植物被誉为世界级珍品。采尔马特山地运输公司十分关注对这些植物的保护，其旗下所有项目工程在建设时都考虑到了对植物的保护。在一个特别发展计划中，该公司还专门标出了几种珍贵物种，保护其不受任何损害。

二、法国

（一）法国霞慕尼滑雪小镇概况

霞慕尼滑雪小镇位于法国中部东侧阿尔卑斯山脉的主峰勃朗峰下，与瑞士和意大利两个旅游胜地为邻，其市中心海拔1035m，是法国海拔最高的镇之一。因其独特的地理位置和自然资源成为很多户外运动者的旅游胜地。每年9月霞慕尼就已进入了雪季，在一两场大雪过后勃朗峰就形成了一个纯天然的雪场，漫长的冬季会一直持续到来年的4月。霞慕尼滑雪小镇附近共有大型雪场13家，共上百条优质雪道，雪道总长超过100km。从初级的绿道、中级的红道再到超难度的黑道，各种水平的爱好者都能从这里找到适合自己的雪道，在冰天雪地的世界中得到属于自己的一份快乐。

（二）法国霞慕尼滑雪小镇发展特点

1. 加强产品组合，树立国际品牌

霞慕尼滑雪小镇在1924年举办了第一届冬奥会，为其提升了国际影响力。它拥有齐全的冰雪运动配套设施，国际性的滑雪教练培训中心和滑雪用品销售店。除了冰雪运动，小镇还有着高等级的越野比赛以及数千条攀岩线路，搭配着古朴

小木屋、主题旅馆、观光缆车等产品，充分发挥了体育旅游产品组合的优势。

2. 赛事推动，提升产业融合度

1924 年霞慕尼举办了第一届冬奥会，此次赛事让越来越多的冰雪运动爱好者认识了霞慕尼这个地方，霞慕尼滑雪小镇有 13 家大型滑雪场，勃朗峰和大乔拉斯峰有超过 5000 条的攀岩路线和众多登山攀冰路线，这些硬性条件足以满足其开展滑雪、攀岩、登山、徒步越野等多项运动项目。许多世界性的滑雪教练训练中心也在此纷纷落户，使霞慕尼滑雪小镇成为著名的滑雪胜地。

3. 高水平冰雪与旅游人才保障

霞慕尼滑雪小镇自 1924 年举办第一届冬奥会后，便成为著名的山地度假目的地与滑雪运动天堂。高山冰雪项目快速发展和接待服务设施的完善，使得许多世界性的滑雪教练训练中心纷纷在此落户，霞慕尼滑雪小镇形成了专业的高山运动教育培训产业，开办了世界上第一所登山向导学校——法国国家滑雪登山学校。在向导服务方面，霞慕尼滑雪小镇有专门的向导服务公司，拥有超过 150 名的注册职业登山向导，其中 ENSA 学员至少需要 5 年的训练与考核，才能成为一名合格的登山向导，为每年数以万计来到这里的游客提供全方位的滑雪攀登服务。

（三）霞慕尼滑雪小镇的发展对河北省崇礼滑雪大区的启示

1. 抢抓冰雪旅游市场机遇，加强产品组合

2022 年北京冬奥会的举办，将会为冰雪旅游市场带来重大机遇。河北省崇礼滑雪大区应借鉴霞慕尼滑雪小镇的发展经验，加强京津冀区域旅游客源市场的开发，布局好旅游线路带动更多的游客去欣赏和享受当地独特的风貌和优美的环境，依托冬奥会所带来的巨大市场推动自身产品的发展，加强资源与市场以及产业之间的关联度，做好崇礼当地特色与产业品牌相结合的发展模式，发挥自身的特色以使产业具有更长生命力与延伸性。

2. 以冬奥品牌提升产业融合度

河北省崇礼滑雪大区要借鉴霞慕尼滑雪小镇的发展经验，把握承办 2022 年冬奥会这一重要与难得的机会，以冬奥国际旅游为品牌，以旅游产业为核心，采用延伸、渗透、重组等模式，促进旅游产业与体育产业、文化产业在资源、产品、市场、技术等方面充分融合，开发体育赛事旅游、体育节会旅游、体育主题公园、体育特色小镇、运动休闲度假区、运动康养旅游区等多样化、融合型体育文化旅游产品。

3. 加强冰雪运动与体育旅游人才的培养

体育旅游产业的发展需要相关方面的人才作为保障，在冰雪运动方面，体育类院校应加大对冰雪专业人才培养方面的投入力度。法国霞慕尼滑雪小镇的成功还表现在其不断加强冰雪运动与体育旅游人才的培养上面，因此河北省崇礼应多渠道接纳更多的冰雪人才，例如退役运动员、高校相关专业毕业生、拥有丰富经验的教练员等。在院校与社会的双重推动下促进冰雪运动人才的培养。在体育旅游方面首先要做好宣传工作，因为我国体育院校设立相关专业起步晚、数量少，社会认知度还比较低，相关管理部门应当加强体育旅游从业人员的管理。

三、加拿大

（一）惠斯勒滑雪胜地旅游区概况

加拿大惠斯勒（Whistler）滑雪胜地位于温哥华（Vancouver）以北约 120km，是北美洲最大面积的滑雪胜地，是 2010 年冬季奥运会滑雪场之一。据统计，加拿大 60% 的人都曾在此滑雪。

惠斯勒建成于 1905 年，是温哥华管辖镇之一，是山谷中的山地户外运动小镇。惠斯勒素有"小瑞士"之称，这里气候宜人、风景优美，它天然的地理和气候环境为其开发全季度的旅游提供了充足保障。它面向全球游客需求，旨在以山地户外运动为引擎，发展专业赛事、极限运动、休闲活动、文化节庆等为一体的综合型四季旅游胜地。

惠斯勒是世界知名的山地运动圣地，拥有世界上最好的山地自行车公园，拥有总长超过 250 公里的宽窄相间的越野自行车道、拥有 4 个可举办冠军大赛的高尔夫球场等山地资源；惠斯勒也是世界知名滑雪胜地，拥有北美面积最大、世界综合排名第 7 的滑雪场，拥有 38 个缆车、有超过 200 条高品质雪道（25% 是专业雪道）等冰雪资源；同时这里还是世界知名的休闲运动度假胜地，拥有环境优美的黑冠山基地探险区，拥有阿尔法湖、白兰地瀑布等休闲度假资源；而且惠斯勒也是一座以户外运动、极限运动出名的圣地，每年暑期都会有蹦极、高空滑索、全地形车等大型极限赛事在这里举行。在温哥华冬奥会后，惠斯勒逐渐为全世界所认识，在"世界顶级度假胜地"的评选中，长期高居"山地度假胜地"的榜首。

惠斯勒滑雪胜地的可滑雪面积为 81.71km²，从雪峰到山麓，冰川、雪沟、悬崖、盆谷、碗壁、深槽、陡坡、森林野道，各种供自由滑雪爱好者探险猎奇、寻求刺激的场地应有尽有。其中，高山雪崩控制区面积约为 30km²，堪称北美山区管理有方的典范。在降雪量大的天气，滑雪场每天要耗费 200kg 火箭弹和炸药包来消除雪崩隐患，有 25~30 名雪地巡逻队员控制雪峰隘口要道，并向两座主峰各派出两条训练有素的雪崩搜救犬值班待命。每年雪季，该地区大约有 5000 人次的伤情报告，出动的救援雪橇总行驶里程达 4000km，其中，至少有 20 人次需要搜寻救生，20 人次需要吊绳营救。惠斯勒滑雪场于 1966 年启用，占地 14.8km²，海拔 1530m，雪道超过 100 个（其中，25% 为专业雪道、55% 为中级雪道，20% 为初级雪道），是加拿大雪道最多的滑雪场。

在惠斯勒，游客将享受到的全方位的休闲乐趣，从直升机滑雪到室内攀岩，从烹饪课程到香氛 SPA。除了个人休闲，惠斯勒还是国际顶级冰雪赛事青睐的比赛场地，2010 年加拿大冬奥会由加拿大的温哥华及其北部的惠斯勒共同举办。惠斯勒作为温哥华组委申请冬奥的王牌，其优质自然环境为加拿大人赢得了 2010 年冬奥主办权。于是从取得主办权开始，温哥华奥组委经过连续 8 年辛苦付出，打造了一届极其精彩的冬奥会，也为举办城市乃至整个加拿大留下了诸多宝贵财富，其中之一就是惠斯勒。通过 2010 年温哥华冬奥会的举办，带动了惠斯勒的大发展，如今这里已成为世界著名的山地户外运动小镇。因为，这里举办过 2010 年冬季奥运会的高山滑雪、北欧两项和雪车赛事。游客甚至可以在奥林匹克射击场上学习真正的冬季两项步枪射击，体验冬季两项运动的魅力。优越的自然条件、完善的商业配套，使惠斯勒滑雪场每年都会吸引大约 220 万游客。

惠斯勒主要运营内容则包括专业赛事、极限运动、休闲活动、健体康疗、文化节庆、商业服务、遗产利用 7 个部分，如表 5-1-1 所示。惠斯勒可举办国际级专业竞技比赛的高尔夫球场、山地自行车赛场、滑雪场等场地及冬奥会举办地带来的人才集聚效应，是惠斯勒各种国际性专业赛事得以成名的关键；丰富的山地资源是惠斯勒的蹦极、全地形车等极限运动得以发展壮大的根本；惠斯勒区内拥有的阿尔法湖等丰富水上资源及黑冠山基地探险区等野外资源是惠斯勒休闲活动如火如荼开展的基础；惠斯勒的温泉资源与宜居环境是惠斯勒发展温泉养生等健体康疗项目的核心；惠斯勒全年有着多达 260 个文化节庆活动，利用持续不断的节庆保持社会关注度和人气，针对游客季节变换不同节庆主题。惠斯勒独特的文化传统是惠斯勒打造节庆活动的依据；小镇商业服务以世界元素餐饮美食和夜间娱乐为吸引力，其完备的商业体系与配套服务设施是惠斯勒商业服务发展的枢纽；惠斯勒的冬奥遗产利用较为充足，它既可以服务于社区居民，又实现山地滑雪等冬奥场馆的再利用，是惠斯勒规范发展的典范。如吸引了国际有舵雪橇联合会世界杯等世界级大赛扎根惠斯勒。

表 5-1-1 惠斯勒运营内容一览表

运营模式	活动内容
专业赛事	高山滑雪、山地自行车、高尔夫等
极限运动	蹦极、高山滑索等
休闲活动	游泳、漫步林中路等
健体康疗	温泉 spa、美容养生等
文化节庆	惠斯勒电影节、文艺节等
商业服务	餐饮美食、夜间娱乐等
遗产利用	冬奥场馆再利用等

夏季庆典让惠斯勒滑雪度假村乐音激荡、充满热情，游客还可到邻近湖泊钓鱼、爬山健行、骑自行车，因此，惠斯勒滑雪度假村夏季的乐趣并不亚于冬季。

为了迎接 2010 年冬季奥运会，加拿大专门在惠斯勒山和黑梳山之间建设了一条世界最长的跨峰缆车，该缆车是加拿大的旅游标志之一。从惠斯勒滑雪度假村可搭缆车上山，抵达惠斯勒山和黑梳山。

可持续概念变化的同时，环境管理体系（EMS）框架已在大型企业、国际标准化组织（ISO）和其他组织的环境管理层衍生。国际标准化组织于 1996 年 10 月发布了 ISO 14001 环境管理体系，它建立在与全面质量管理和质量标准 ISO 9000 相关联的策划、实施、检查、处置概念的基础上。ISO 14001 环境管理系统的关键要素是环境政策、规划、实施与操作、检查与纠正、管理评审、持续改善。惠斯勒滑雪场于 1999 年实施了环境管理体系，为环保工作制定了"有目标、有远见、有评估、负责任"的口号。环境管理体系可持续发展计划概述如下。

1989 年实施官方社区计划以来，惠斯勒旅游度假区管理局（PMOW）已认识到持续快速增长将最终摧毁惠斯勒的社会结构和该地区的自然生态，因而，惠斯勒旅游度假区管理局制作完善了惠斯勒 2020 规划，清晰地表述了度假区的愿景，并且以正式书面形式为全社区范围的参与制定决策提供多条重要途径。截至 2006 年 12 月，惠斯勒 2020 规划共有 26 名合作伙伴，每年都有更多人通过签署合作协议加入履责队伍中来。此外，通过采取建议性的行动，一些企业、非营利性组织以及其他社会团体也正在助力惠斯勒旅游度假区的愿景得以实现。行动谋划特别工作组由超过 150 名社区成员组成，他们每年评估惠斯勒 2020 规划每一项战略的实施所取得的进步，并为其制订行动计划。

（1）计划背景——惠斯勒旅游度假区的战略规划面临一系列挑战

①不断升级的生活、房地产业和商业成本，使惠斯勒负担不起许多当地居民的生活。

②在竞争压力中成长并扩大惠斯勒的规模。

③改变旅游模式，导致游客数量波动。

④改变居民和游客对产品和服务的要求，统计人口数据，评价市场的发展趋势。

⑤从温室气体排放到气候变化，气温的变化可能会影响冬季运动和雪上运动的正常进行。

⑥依靠有限的并且日益昂贵的自然资源，如游客旅游和景区经营所需的能源。

⑦目前已知和未知的健康问题大多与空气、土壤和水环境污染有关。

（2）计划目标——五个优先任务

①丰富社区生活

到 2020 年，大部分的本地员工与社区长住成员在惠斯勒安家。有着稳固社会结构的社区是具有吸引力并适合居住的。为确保当地人能够享受在惠斯勒生活的乐趣，惠斯勒旅游度假区分期规划和建造长住员工住房。这种相对紧密的开发避免了城市向自然区域的过度扩展，减少了员工上下班造成的高速公路堵塞，有效降低了惠斯勒的温室气体排放。新的开发地点保存了维护生态系统与山地特色的重要开放空间与自然缓冲地带。巩固、提升和翻新使得惠斯勒的社区保持了吸引力与活力。

②加强度假体验

从游客和度假区就其旅行而沟通的那一刻开始，一直到游客返回家，惠斯勒提供的优质服务给游客留下了深刻印象。惠斯勒度假区不断开发、更新旅游产品，以满足游客的需求。

③保护环境

采取一个可持续发展的生态系统管理方法和预防原则来尽量减少惠斯勒自然区的物理退化，并在可能的情况下恢复并最终维护惠斯勒自然区的生态完整性和生物多样性。惠斯勒的生态系统制图为保护和进一步研究惠斯勒自然区确定了关键领域。

④确保经济可行性

2010 年冬季奥运会和 2010 年冬季残奥会使得惠斯勒旅游业抓住了新的市场机会，同时，惠斯勒的商务室也与本地企业展开合作，所有这些都极大地推进了惠斯勒朝其经济发展目标迈进。惠斯勒 2020 规划系列战略旨在补充完善惠斯勒旅游度假区经济结构并为其方案制定、设施升级指明了方向。借两奥会契机，包括交通运输网改善、新设施建成在内的一系列改进大大地提高了惠斯勒的吸引力。在当地创办运营的企业对惠斯勒的创新改革、旅游特色及成功是不可或缺的。这些企业得到了政府部门在资金与资源上的支持，其运营成本得以降低，游客接待能力也得到改善和提升。当传统经济发展提倡经济多元化时，惠斯勒却专注于旅游经济的原因在于，惠斯勒与一般传统社区不同，它是专门为旅游度假区而设计的，有很多专业旅游娱乐休闲设施，侧重强调这些设施与其周边自然环境货币价值的多元化经济对旅游经济基地会产生不可逆转的危害。专注于旅游经济使惠斯勒在保护环境与公众卫生、保证居民与游客享有活力方面产生强大的动力。在解决与旅游经济相关的挑战方面，惠斯勒积极支持可与旅游业和社区价值观兼容并存的经济多元化。惠斯勒 2020 规划关注到一些诸如气候变暖的趋势，战略规划时采取行动对其加以利用，以便帮助社区公众适应这种变化。同时，着重强调以区域性的眼光来观察经济与社会的发展，识别惠斯勒与周边社区的具体联系和各种互补活动。惠斯勒将不以市区范围为界限，继续努力建立旨在促进经济健康发展与地区经济多样化发展的合作伙伴关系。

⑤为成功而合作

省级与联邦政府一同共事合作，朝着共同的目标和双赢互利而努力，将惠斯勒最终建设成为一个更加强大的本地旅游度假区，逐步实现可持续发展。社区成员和有兴趣的个人以正式或非正式的关系网展开合作。志愿者积极从事的非营利性组织团体对于惠斯勒的成功是极为重要的。

金融上的支持来自惠斯勒的社区致富工程，该工程主动为惠斯勒提供资金，这对惠斯勒的成功与可持续发展贡献很大。惠斯勒度假区管理局对合作伙伴参与制定决策时的指导原则有帮助，并能清楚明了地对各方期望的合作协议进行沟通与交流。与股东的目标和利益立场一致的透明规范的沟通交流，促进了惠斯勒对于市场信息的了解以做出正确决策，并且建立起信任的、协同的、适应性强的关系。惠斯勒对社区基层群体的帮助支持在社区内外培养了一种互利合作的精神。惠斯勒继续对地区的成功做出贡献：在各个社区实行地区发展策略、土地与资源管理规划等战略措施；共担责任，共享与社区和地区可持续发展有关的知识，展开有效的合作。

为了共享知识、共享惠斯勒的资源，惠斯勒旅游度假区与发展中国家新兴的旅游度假区的合作伙伴关系也同样建立起来了。各级政府、各地区伙伴之间的合作是 2010 年冬季奥运会与 2010 年冬季残奥会留下的又一笔馈赠。2010 年冬季奥运会作为一届在奥林匹克运动内部提出可持续性的运动会而被人们所记住，它促进了惠斯勒对可持续性的承诺，并且使这些目标能够牢固地树立在所有合作伙伴的战略与规划中。通过与邻近地区的民族一起合作，建立能够巩固各个社区、应对各种问题的解决方案。斯阔米什-利瓦特文化中心（Squamish Li'wat Cultural Centre）是一个引人入胜的地方，在提高惠斯勒文化自豪感、增强惠斯勒的活力以及促进两社区公众的相互理解方面做出了贡献。惠斯勒也与省政府继续进行思想交流并寻找解决度假区争端的方案。在实现惠斯勒愿景的过程中，他们的所有行为都由惠斯勒 2020 规划监控程序进行追踪并定期公开。随着可持续发展的实现，惠斯勒将成为北美地区首屈一指的山庄度假区。

（3）愿景落实——16 个关键战略

加拿大惠斯勒滑雪胜地旅游区的惠斯勒 2020 规划中，针对愿景的落实，提出了 16 个关键战略：①艺术、文化与遗产策略。②环境建设策略。③经济策略。④能源策略。⑤金融策略。⑥健康与社会策略。⑦知识策略。⑧原材料与固体垃圾策略。⑨自然区域策略。⑩合作关系策略。⑪娱乐与休闲策略。⑫居民负担能力策略。⑬居民住房策略。⑭交通运输策略。⑮游客体验策略。⑯水策略。

（二）惠斯勒滑雪胜地的发展对河北省崇礼滑雪大区的启示

1. 重视可持续发展

（1）创新活动体系，形成冬奥会举办地可持续发展的新形式

冬奥会举办地各有不同，寻找自身与冬奥会的契合点打造创新的活动体系，能够提升冬奥会举办地可持续发展体系在微观层面的长久生命力。

惠斯勒可持续发展的活动体系十分丰富，既有对外推广惠斯勒的营销活动，也有对内加强服务体系建设的商业活动，更有丰富居民生活文化的社区活动，以及惠及当地民众的专门性活动。凭借内容丰富的活动，使得各国游客和当地区民在享受冬奥会之时，也能够切身感受到冬奥会为当地带来的发展机会，如惠斯勒的吸引力大幅度增加，当地商业能够充分满足人们的需求，且形成了良好的商业环境，为当地居民提供了更多的就业机会，同时具有冬奥会特色的社区文化，也为当地社会的可持续发展创造了良好的环境。这给我国河北省崇礼滑雪大区的发展提供了借鉴。

崇礼滑雪大区需要根据冬奥会的特点，在结合当地实际情况下，建立起具有自身特色的活动体系，在微观层面形成覆盖面积广、行之有效，且内容丰富的活

动体系，这是做好崇礼滑雪大区可持续发展的重要保障。在活动的安排上，应考虑到活动的延续性和非延续性，着重培养崇礼滑雪大区各个领域具有特色的活动，利用这些活动扩大冬奥会在崇礼滑雪大区内外的影响力。

（2）将可持续发展的视野扩大到社会的更多方面

随着 21 世纪后工业化发展阶段的到来，冬奥会仅仅局限在对举办地环境可持续发展这一议题下，显然远远不能满足当今可持续发展的需求。因此，冬奥会举办地可持续发展的视野应扩大到社会、经济以及文化等诸多领域。将可持续发展的视野扩大到社会的更多方面，实现自然环境和人文环境两方面的可持续发展，以此寻求冬奥会举办地的永续发展之路。惠斯勒在这方面有着创造性的突破。

首先，从具有战略性规划的惠斯勒 2020 划规中可以看出，惠斯勒意识到举办冬奥会是促进当地社会、经济和文化等方面可持续发展的重大契机，通过各项战略使得冬奥会融入社会各领域的发展中，在重视自然环境可持续发展的同时，对人文环境的可持续发展予以更多的关注，扩大了冬奥会可持续发展的视野。

其次，将意识层面的规划具体落实。各领域依据自身的需求，探寻出了具有独特性的可持续发展路径。惠斯勒社会各界在落实可持续发展理念时，制定了各自的发展计划，形成了各具特色的可持续发展模式，在很大程度上丰富了可持续发展的内涵。

河北省崇礼滑雪大区应该借鉴惠斯勒的经验，将可持续发展的视野扩大到社会的多个方面，实现人与自然的可持续发展。

（3）以组织体系为支撑，形成可持续发展的长效机制

在惠斯勒可持续发展体系中，社会组织就在其中承担了重要的职责。不同的社会组织参与到了营销活动、商业活动、社区活动和其他各类活动之中，补充了政府在一些领域的不足。惠斯勒地区的社会组织发展较为成熟，在举办冬奥会之前，各个社会组织已经十分活跃，但为了更好地利用举办冬奥会的机遇，惠斯勒地区又成立了冬奥会相关的社会组织，专门负责冬奥会的活动；保证了冬奥会结束后，各类活动仍能够继续开展，并形成长久的影响力。

根据目前可持续发展从环境扩大到整个社会方方面面的趋势下，在推动崇礼滑雪大区可持续发展的过程中，就需要建立一个负责落实各项工作的组织体系，以形成可持续发展的长效机制。组织体系应由崇礼政府部门、社会组织，以及社区等不同领域的组织构成。政府部门认真制定发展规划，指导社会组织工作；社会组织和社区按照不同的职能，在不同的领域开展与冬奥会有关的活动，从冬奥会申办、举办到结束等每一个环节都能有相应的组织参与进来，提高河北省崇礼

与冬奥会的互动，共同推动河北省崇礼的可持续发展。

2. 将举办地可持续发展纳入城市发展规划之中

惠斯勒可持续发展体系中始终将可持续发展纳入城市发展规划之中。冬奥会举办地可持续发展是一项系统工程；它是冬奥会举办地政府、社会组织、商业行会、社区居民等多因素组合的复杂系统。这个动态的系统不仅与冬奥会举办地的社会发展、经济发展有密切的联系，同时又自成体系。

河北省崇礼滑雪大区应借鉴这一举措，将举办冬奥会融入城市发展之中，这也是推动崇礼滑雪大区可持续发展的核心。政府作为城市发展规划重要的参与方，其对冬奥会融入城市发展起到决定性的作用。

3. 坚持以人为本，打造有文化有温度的宜居宜业宜旅新空间

惠斯勒的成功还表现在其以人为本、服务至上方面。在惠斯勒，游客将享受到的全方位的休闲乐趣，直升机滑雪、室内攀岩、烹饪课程、香氛 SPA 等项目给予了游客们丰富的享受。

我国打造运动休闲旅游区的最终目的是在全面建成小康社会的背景下，在全国扶持建设一批体育特征鲜明、文化气息浓厚、产业集聚融合、生态环境良好、惠及人民健康的运动休闲旅游区。崇礼滑雪大区可以通过小镇的赛事举办与赛事参与体验凸显有温度的运动休闲旅游区，通过小镇独特体育文化传统的继承与弘扬营造有文化的运动休闲旅游区，通过小镇基础设施与相关配套商业服务的完善来打造有人文情怀的运动休闲旅游区，以最大程度发挥小镇独特的人文风情，做到始终坚持以人为本，不断提高服务水平与质量，为人民打造出一个有文化有温度的宜居宜业宜游新空间。

四、美国

（一）美国滑雪业政策演进历程

目前，无论是国内还是国外，均未发现完整的、系统的有关美国滑雪业政策演进的直接研究。但是前人在美国滑雪运动的发展演进以及美国滑雪业的发展演进这两方面的研究成果，能为我们理清美国滑雪业政策演进历程提供很大启发。

首先，艾伦（Allen）认为，第二次世界大战是美国滑雪业发展和滑雪运动发展的分水岭。在"二战"前，美国滑雪业已经经历了两个周期。一个是滑雪运动化周期（1840—1920 年），一个是滑雪机械化周期（1920—1940 年）。"二战"后，美国滑雪业步入滑雪产业化周期（1945 年以后）。

其次，理查德（Richard）认为，第二次世界大战是美国滑雪运动和滑雪业发展的关键节点，在这之前是美国滑雪运动的萌芽及早期发展，之后则步入全面繁荣的产业化发展阶段；另外，奇尔德斯（Childers）虽把美国科罗拉多州（科罗拉多州是美国滑雪业最发达的州，是国际知名冬季运动胜地，因此这个州的发展十分具有代表性）滑雪业的发展演进分为五个阶段，但实际上也可概括为两个阶段，即"二战"后的爆发增长期（1945—1980年）和激烈争端期（1980—2000年）。

通过综合已有研究以及美国滑雪业关键政策的颁布节点，美国滑雪业政策演进历程应从四个阶段来进行逐一阐述：

1. 萌芽发展期

1945年以前为萌芽发展期。综合国内外学者的观点来看，他们已形成高度共识，认为第二次世界大战对美国滑雪业发展具有至关重要的意义。"二战"结束后，美国滑雪业迎来快速发展。"二战"前，则可以把美国滑雪业的发展概括为萌芽发展。1945年是第二次世界大战结束的时间，因此，1945年以前是美国滑雪业的萌芽发展期。

2. 高速发展期

1945—1975年为高速发展期。30年间，美国滑雪业取得了"井喷式"发展，长期维持着高速发展节奏。"二战"后，美国滑雪业一度迎来"雪场兴建热潮"，短短3年间全美共完成了多达55个滑雪场的建设。随后，美国滑雪业的发展在1975年达到顶峰，数据显示，美国滑雪场数量同年高达735座。次年，美国政府颁布《国家森林管理法案》，标志着美国政府官方对滑雪业态度的转变，该政策把之前"促进"场地供给的积极型政策导向调整为"限制"场地供给的消极型政策导向。通过结合上述产业数据、政策发布时间节点以及政府相关部门对滑雪业态度的转变，因此，1945—1975年是美国滑雪业的高速发展期。

3. 发展瓶颈期

1976—2000年为发展瓶颈期。1976年，美国政府发文《国家森林管理法案》，调整与滑雪场地新建、扩建相关的批地手续和管理制度，大幅提高批地门槛与过审难度。与此同时，在20世纪八九十年代，相当一部分美国环保主义者更为频繁地谴责滑雪业，因为滑雪场的新建与扩建需要耗费大量资源，尤其是森林资源，这使美国滑雪业被迫陷入社会舆论漩涡的中心。加上政府从扶持到限制的政策主张，美国滑雪业可谓是"腹背受敌"。这一局面直到进入21世纪方才有所好转。2000年，美国滑雪场协会凭借行业影响力和权威性，倡议上百个协会会员单位自愿加入《可持续雪坡规划》，加强环保意识和措施。这意味着美国滑雪业开始注重从自身出发，尽可能解决自 1976 年以来限制滑雪业发展速度的绊脚石。

4. 创新优化期

2000 年至今为创新优化期。在 2000 年美国滑雪场协会颁布《可持续雪坡规划》之后，一系列新政策陆续出台，如美国林务局《滑雪场休闲活动促进法案》、美国滑雪场协会《滑雪业气候改善政策》《可持续雪坡规划再升级》，以及美国滑雪巡逻队与美国滑雪指导员等协会联合出台的《"滑雪学习月"共同倡议》等，这些政策的陆续发布，标志着美国滑雪业努力摆脱阴霾，迈入全新发展局面。

（二）美国韦尔地区政策概况

从 2000 年开始，美国的滑雪业政策进入创新优化期。这一时期的典型代表之一就是美国韦尔地区。在美国韦尔地区，无论是联邦和各州的环境机构、商会，还是非营利组织都已创建了许多环境项目。这些项目给滑雪场带来了两大益处：为建立和加强内部环境管理体系提供了一个框架，为监测和交流环保绩效提供了一个标尺。

1. 美国国家滑雪联合会环境章程

美国国家滑雪联合会于 2000 年 6 月正式通过了环境章程，即可持续斜坡原则，为滑雪区的环境管理提供了框架。它包括 21 条环境原则及与之相关的最佳管理办法，以解决与规划、设计、施工、运营、教育和外展服务相关的环境问题。全国约 75% 的滑雪胜地已公开赞同并接受此章程。

为保护环境，美国山地宪章规定了六大注意事项：

（1）请带走废弃物，还自然之美。

（2）崇敬自然野生生活，仔细阅读路径地图，不要越过禁区。

（3）拼车，以呼吸新鲜空气和欣赏美景。

（4）考虑其他游客，让自然之声回荡。

（5）参与自己当地社区的环保项目。

（6）向您的家人和朋友传递环保理念。

2. 科罗拉多州环境项目

美国科罗拉多州公共健康和环境部（CDPHE）的执行主任办公室负责科罗拉多环保领袖计划（CELP），通过认可为商业界及大众提供指导和引领的商业项目，如环境管理体系和创新源头减排工程等，来提高环保绩效的门槛。为了有资格参加该领袖计划，企业在申请前必拥有至少三年无环境破坏的合规性记录。同时，申请企业必须拥有已建立的环境管理体系、污染防护计划、符合环境法规的政策和运营过程，以及一系列业绩措施和环保指示器。一旦被该领袖计划接受，企业需得完成提高环境质量的工程，致力于新的项目或者目前正在进行中的工程。进入此计划的好处包括公众认可、经济支持和政策放宽。

3. 科罗拉多商品交易所

科罗拉多商品交易所由科罗拉多大学回收利用中心赞助，是全州非有害残留物和耐久品的清理站。私人和公众组织、市民、非营利机构皆可利用科罗拉多商品交易所寻找低成本甚至无成本的物资，减少浪费。

4. 其他环境管理项目

除上述符合IS014001标准的环境管理体系以外，滑雪场环境管理负责人还应该知道三个广为人知的环保项目：美国国家环境表现跟踪计划、色瑞斯国际认证和自然进程认证（TNS）。

天高云淡，朗朗碧空，滑雪者从雪山上飞驰而下，抑或是徒步穿行于色彩斑斓的高山草地间，这些画面吸引了数以百万计的游客在冬夏娱乐休闲之际来科罗拉多滑雪区旅游，单这一项每年就为美国增加36亿美元的收入。为了认清外部挑战和滑雪产业对科罗拉多州经济的重要作用，科罗拉多州公共健康和环境部发起讨论，与滑雪场的代表们就如何实施积极有效的措施以改善环境、减少浪费和保护自然资源进行了交流沟通。这些讨论最终促成了一个项目的发展，该项目与科罗拉多滑雪区合作，以确定、展示、记录和交流污染预防（P2）的战略。科罗拉多州公共健康和环境部获得了美国国家环境保护局（EPA）的项目基金。该项目在1999年8月正式启动。2001年12月，科罗拉多州公共健康和环境部与一家环境咨询公司（Tetra Tech）签订了合约以支持该项目的实施。除了科罗拉多州公共健康和环境部、美国国家环境保护局和Tetra Tech，众多的机构和个人也为该项目做出了贡献。

该项目主要有两个特色：

（1）与科罗拉多州两个自愿加入的滑雪区合作，了解并评价山区作业，以便在实践中确定污染预防的可能性并记录其测评方法。

（2）在两个自愿加入的滑雪区的现场实践经验以及与其他滑雪区工作人员交谈经验的基础上，制作了一本滑雪生态手册，讨论滑雪区的环境管理策略，并提出具体防治山区作业污染的实用方法。

此外，该项目也为滑雪场管理人员及工作人员组织了介绍该手册内容的培训课程。该手册具有双重目的：

（1）表明实用的且已证实可行的技术和工艺的确存在，它们可用于降低滑雪场作业对环境的影响。

（2）为滑雪场的工作人员提供进一步的信息（姓名、电话号码、网站、文件记录等）。

（三）美国韦尔滑雪区的发展对河北省崇礼滑雪大区的启示

美国韦尔滑雪区的成功在于采取了一系列有效的措施，其中有许多值得河北省崇礼滑雪大区借鉴，下面列举如下：

1. 消费者计划

增强滑雪者环境保护的意识，比提高餐馆里固体废弃物的回收率更有效。因为较高的环保意识可以激励滑雪者去参与其他有助于滑雪区域环保的消费者项目。例如，用再生纸印刷路径地图，为滑雪者创建绿色卡和运输方案。又如，美国界石山实施拼车奖励计划。美国界石山滑雪公司对拼车（一辆车载 4 人或以上）的滑雪者，在缆车票价上给予七折的优惠作为奖励。滑雪者必须一起到售票处，去获得他们的优惠门票。为进一步鼓励拼车行为，界石山还在其网站上开展了一项服务，即为滑雪者寻找可参加拼车的其他乘客，或者可参加拼车的汽车。

2. 员工计划

员工参与一项滑雪区环保项目的机会和策略有很多种，有员工培训、员工发起环保活动、领养公路、种植树木及路径修复项目等。例如，阿斯彭（Aspen）滑雪场和界石山滑雪场的员工设立环境基金会；尽早对员工进行培训——在员工上岗培训时，韦尔滑雪胜地就给每位员工发一个可重复使用的杯子，并播放一段录像，录像展示的是韦尔滑雪胜地的首席营运官强调公司奉行可持续经营的承诺。在员工上岗培训时呈现这些信息的目的是通过韦尔滑雪胜地和全体员工的行为，加强韦尔滑雪胜地对可持续发展活动的承诺和支持。

3. 社区计划

滑雪区有众多机会参与当地、地区、全国乃至国际社会的项目。例如，环境奖学金计划。阿斯彭的环境奖学金计划始于 1999 年。每年奖励 5 名当地中学高年级学生，获奖者都是通过调查研究的亲身实践、参与到当地环境组织或其他环保活动中，且在环境管理方面表现出众的人才。5000 美元的奖学金设置是为了鼓励青少年的环保创意，鼓励高校里的相关工作，改善和保护环境，以及提醒人们对重要环境问题的注意。每年春天的某一天，从韦尔高速到多塞罗（Dotsero），每个认养高速公路的小组都参与到公路清扫活动中。在这一天结束的时候，72km

的高速公路两边都摆满了橙色的垃圾袋，垃圾袋里面装的都是从高速公路上清理出的垃圾，以此引起司机注意，并希望制止他们乱抛垃圾的行为。

4. 生态保护计划

美国科罗拉多的韦尔滑雪场是可与加拿大惠斯勒滑雪场比拟的全球顶级滑雪场之一。其他的如犹他州（Utah）的帕克城（Park City）滑雪场、科罗拉多州的阿斯彭滑雪场也是美国规模大、受欢迎的滑雪场。顶级的场地、优越的设施、一流的服务，使韦尔滑雪场成为全世界滑雪迷趋之若鹜的地方。

1999 年 1 月，韦尔公司成为首家采用自然进程认证的滑雪公司。韦尔公司也签署了美国国家滑雪联合会的可持续斜坡原则来评估和减少环境影响。可持续斜坡原则为韦尔滑雪胜地发展、运作和拓展成果提供了具体选择，帮助韦尔滑雪胜地密切匹配自然进程认证的普遍条件。自然进程认证和可持续斜坡原则帮助、引导韦尔公司更加可持续地运作和发展。2000 年 7 月，自然进程认证的代表出席韦尔滑雪胜地环境论坛。该环境论坛的参与者是一支跨越过滑雪胜地的队伍，其任务是进一步达成共同的环境目标。在为期两天的研讨会中，该团体制订了一个面向韦尔滑雪胜地 4000 多新老员工的培训提纲。基于自然进程认证宗旨，韦尔滑雪胜地的环境宗旨强调使用可再生资源、减少废弃物以及尊重和保护生物多样性的栖息地。鉴于更高的需求，如生物多样性和可再生资源，在人类满足基本需求之前无法解决，韦尔滑雪胜地以其公司职员的需求为焦点，投入资金，满足他们的需求。2001 年，超过 400 万美元的资金被批准用来资助支持青年和环境保护的团体实施环境保护项目。通过参与自然进程认证和支持美国国家滑雪联合会的可持续斜坡原则，韦尔滑雪胜地倡导使用可再生能源，节约资源，循环利用自然资源，保护野生动物栖息地和环保教育。

（1）使用可再生能源

投资清洁的风能发电为缆车提供能量。韦尔滑雪胜地购买了每月 47500kW·h 的风能（足够供其 4 个滑雪场内各 1 个缆车的运行）。这减少了每月 259t 煤的燃烧，避免了每月 517t 二氧化碳的排放。

（2）节约资源

通过室内指示卡片和内务管理宣传，超过 40 万住宿客人被鼓励重新挂好毛巾、关掉电灯、搭乘免费巴士和拼车。

（3）循环利用自然资源

运行了一项成功的固体废物回收项目。2000 年，韦尔滑雪胜地回收了 2500t 金属、玻璃、塑料和纸盒。十大贴士是该回收项目成功的秘诀：①需找一个致力于建立和发展回收项目的领导者，领导者必须具备管理层的支持和强大的组织能力。②建立中央回收中心。每项活动（餐厅、旅馆或公寓服务区、办公区等）都需要一个地方来管理回收物。从回收物多的区域开始，与废物运输商协作将垃圾箱置于合适位置，通过减少垃圾服务来抵消较高的回收成本。寻找合适空间放置垃圾箱可能很难，因此，要为今后发展规划所需设备预留空间。③为项目留有发展空间，通过使用压实工具和大的容器，最大限度地提高空间利用效率。④将垃圾箱放置在靠近垃圾回收中心的区域。⑤将每个回收中心标准化，这样不管员工在哪里工作，回收项目都是一致的。张贴专业化的标志和使用标准化的垃圾箱可以增加垃圾箱的灵活性。在不同地点和服务车之间，垃圾箱可以实现自助互换。⑥使用现有的运输系统（缆车和牵引猫）将回收物送到山下，并且准备应急方案，预防运输系统故障的发生。⑦明白回收物运往哪里，确保所有收集的物品得到回收利用。⑧衡量结果，与游客交流取得的成就和存在的问题。⑨通过维护引导标识和回收垃圾箱，保持回收区域的清洁。⑩不断培养员工参与回收项目，回收对于许多人而言不是自然而然的事情，而是需要培养和改变的行为。

（4）保护野生动物栖息地

从麋鹿到小型哺乳动物，韦尔滑雪胜地进行了多种多样的野生动物研究，并且支持将加拿大猞猁重新引入科罗拉多落基山区。另外，韦尔滑雪胜地全年都会关闭脆弱敏感的野生动物区以保护野生动物。

（5）环保教育

SKE-COLOGYTM 是美国国家滑雪联合会为滑雪场设立的一个教育项目，其将孩子们的滑雪课程和野生动物教育结合起来，鼓励孩子们学习更多关于当地生态系统的知识。滑雪学校的指导老师会在山上解释性的标志前停下来，告诉孩子们熊、河狸、麋鹿、北美野兔和其他本土野生动物的习惯和特性。2000 年伊始，韦尔滑雪胜地在每个高客流量地区增添了解释性的标牌，以增加旅游者的环保意识和环保参与度。

韦尔地区通过制定相关的环境项目和商品交易场所，加强内部环境管理，为滑雪场的建设提供了发展条件。吉斯地区通过设立环境基金会、岗前培训、社区计划等手段，让更多人参与到滑雪区环境项目中，以提醒生态环境对人类的重要性。对于河北省崇礼滑雪大区来说，应充分将自上而下和自下而上的措施相结合，这对于滑雪区的经济发展生态保护具有极大的意义。

五、日本和韩国

（一）日本

1. 日本滑雪场总体运营模式

日本滑雪运动发展较早，建有白马、藏王、志贺高原及安比高原等大量代表性知名滑雪场。从数量上看，目前日本拥有滑雪场近 600 座；从规模上看，拥有超过 4 台提升设备的滑雪场 200 家以上，世界排名第二，首先，北海道区域是雪场聚集较多的地区，有雪场 127 座，其次是长野县建有雪场 79 座，很多滑雪场还拥有世界上最具现代化的滑雪设施。事实上，日本滑雪场是在 20 世纪七八十年代如雨后春笋般迅猛发展的，这一时期日本新建了很多滑雪场，并扩张和重建了之前的滑雪场。虽然自 20 世纪 90 年代初开始，日本滑雪人数一直在逐步下降，但自 2000 年以来，一些滑雪场仍吸引了来自特定市场的外国滑雪者。如北海道的二世谷滑雪场吸引了来自澳大利亚的许多冬季滑雪者以及来自中国香港和新加坡的亚洲游客；2005 年以来，许多公寓式建筑也开始在滑雪场附近建造。整体上，日本滑雪场数量虽然经历了起伏变化，总体数量也低于我国，但从日本滑雪场运营历程上看，其实践探索经验则超过我国，特别是在日本滑雪市场逐渐低迷的情况下，日本滑雪场仍然能够不断创新并取得较好的运营效果，运营模式也较具代表性。

（1）雪场联盟整合模式

雪场联盟整合模式是一种产业联盟方式，是由两个或两个以上有共同利益的滑雪场，为加强竞争优势、实现共同发展目标，通过协议、契约方式形成的联合过程。该模式的出现源于 2000 年后日本滑雪市场的低迷，即很多低纬度小雪场相继倒闭，滑雪场整体经历市场淘汰与筛选后，日本滑雪场开始进行了整合与重组。随着日本滑雪场建设与运营趋于成熟，资产重组现象日益显著，一些日本度假区型企业和跨国投资公司收购和重组了部分濒临破产但仍具有运营价值的滑雪场，2007 年日本 241 家滑雪目的地性质的雪场都经历了管理变革，出现了经营权联合以及运营模式整合现象，不仅以滑雪场为联合对象，还涵盖了星级酒店、餐饮、旅游等多类项目整合，多元化的联盟模式逐渐形成。

（2）生态旅游联合模式

生态旅游联合模式是一种基于生态资源利用的整合模式，是滑雪场通过整合滑雪运动与生态旅游资源而形成两者相互促进并融合发展的均衡状态。事实上，在日本的滑雪场运营中，消费者对滑雪运动的需求并不独立，其通常与旅游过程及生态体验形成密切关联。随着日本滑雪场运营经验的日渐成熟，雪场对消费人群的定位也越来越准确。这意味着，这种联合模式的核心便是人与自然的和谐相处。一方面，滑雪场运营主体会主动寻求优质的森林资源，特别是对大面积原始森林的追求往往会更突出，让消费者可以在运动休闲的同时享受自然生态；另一方面，日本滑雪场非常关注多季节运营，而在非雪季可以有效吸引消费者的活动就是生态旅游，滑雪场会在对外宣传中强调运营雪场的自然环境优势，从而增强雪场的内在价值和自身魅力。生态旅游联合模式既突出了滑雪场主题，使滑雪场运营特色更加鲜明，同时也可促进滑雪场与自然生态的和谐共生，有益于滑雪场的可持续发展。

（3）特色文化融合模式

不同地区有着不同文化，文化差异化亦是形成地区差异的重要原因，特色文化融合模式正是滑雪场基于滑雪运动的体验性，依托其所在地文化的特殊性而形成的运营模式。日本滑雪场运营的另一个模式便是聚焦于文化，特色文化与滑雪场运营的融合在日本不但日益突出，而且取得了较好的效果。这种特色文化融合模式可以根据不同文化形成不同的组合方式，其中以日本特色饮食文化、温泉文化为突出代表，融合饮食文化和地域性温泉文化的雪场往往更吸引消费者。各种不同的文化形式形成了雪场的独有魅力，也成为日本滑雪场吸引国外滑雪者的重要张力。另外，滑雪场特色文化融合模式的形成与日本传统文化有密切关系，突出体现在相关活动的举办上。近年来，日本很多滑雪场开始提供小型博物馆、艺术书廊、滑雪文化或传统文化等体验；组织冰雪节吸引大批游客，将滑雪、冰雪景观及地域传统美食和传统手工艺有机结合。一方面，多种文化与雪场的融合呈现了不同雪场的自身特点；另一方面，各个雪场也在竭尽全力开发新服务避免雷同，通过差异化竞争为滑雪消费者提供更具吸引力的产品。

2. 新雪谷町度假区发展规划

和日本许多小型滑雪场的发展状况不同，北海道（日本最北端的岛屿）的冬季体育基础设施和旅游业呈现出快速增长的态势。澳大利亚和新西兰的游客依旧占据着日本冬季度假市场的主要份额，并且人数每年都在增长。尽管来自澳大利亚方面的房地产投资在减少，这一块市场却逐渐被中国香港和中国内地的投资者所把持，日本的滑雪场接待了大量中国香港和中国内地游客，以及新加坡和马来西亚等亚洲其他国家游客，就连欧洲和北美地区的游客人数也有所增长。

1972 年，冬奥会在札幌举办，此后的 20 年间，北海道的滑雪产业进入迅猛发展时期。日本国家旅游机构提供的数据显示，日本山区共计拥有 600 多家小型地方滑雪场。然而，北海道地区则建有不少高级滑雪度假村，其中最著名的要数被誉为"亚洲阿斯彭"的新雪谷町度假区。新雪谷町推广委员会市场总监格雷格·霍夫表示，新雪谷町，或者说整个日本，已经成为全球性滑雪目的地。尽管日本许多小型滑雪场都面临着国内客源减少的问题，新雪谷町却异军突起，发展迅速。"日本国内滑雪产业下滑趋势明显，很多滑雪场不得不面临倒闭的风险，"霍夫表示，"近年来，由于入境游客数量的增长以及境外投资者的关注，越来越多的人开始留意起日本的滑雪场，媒体曝光度不断提高——尤其是国际媒体。许多滑雪产品公司也注意到了这个市场，包括沃伦米勒、香草和火柴棍等品牌公司每年都会来到日本，来新雪谷町"。与此同时，日本的滑雪场也逐渐受到铁杆粉雪爱好者的关注。

新雪谷町度假区位于札幌南部 100km 处，包括 4 家度假村（这点同阿斯彭类似），它们都建造在海拔 1308m 的新雪谷安努普利山上。由于有持续且充足的降雪量做基础，山区的滑雪季从 11 月末一直持续到第二年 5 月（每家度假村的具体开放时间稍有不同），其中最有名的要数它的干燥轻状粉雪道了。新雪谷町旅游委员会公布的数据显示，2011—2012 年滑雪季期间，度假区接待的游客数量增长了 103%，接待海外游客的数量要远高于其他日本滑雪场。"尽管新雪谷町有 50多年的历史，直到 2003 年它才迎来了真正的发展高峰期，而它的崛起很大程度上要归功于澳大利亚市场和部分投机开发商，"新雪谷町住宿和信息中心创始人兼经营者霍夫表示，"开发之初，新雪谷町新增了 7000 个床位，购回了此前卖掉的两家相连的度假村——新雪谷町村和花园家，加上一些基础设施的建设升级，总投入资金大概为 8000 万美元"。这一时期，度假区的经营重点放在了房地产开发上，尽管对缆车线路进行了一些升级改造，但整体而言并没有太大的变化。新雪谷町的主要市场目标是吸引来自中国香港、新加坡和马来西亚的投资者。

近些年，日本滑雪产业的国际影响力日趋提升，主要归功于大众传媒和社交媒体的宣传。"度假区自身在市场营销方面的投入很有限，大部分还是靠企业的赞助，"霍夫说道，他从 1998 年起就开始从事旅游业相关的工作，"过去 10 年间，我们在很大程度上依赖的都是口碑营销，度假区稳步发展，这不仅要归功于优良的雪质，更重要的是，人们再次意识到日本也是一个不错的滑雪目的地"。作为全年开放的旅游度假区，新雪谷町在冬天主打双板滑雪运动和单板滑雪运动，夏天则运营高尔夫球、山地车和餐饮服务。对于中国香港游客来说，来新雪谷町的一个最大的优势就是几乎没有时差（新雪谷町当地的时间只比中国香港早 1 小时），飞行时间仅需 4 小时，比去欧洲和北美要方便得多。其他方面的优势还包括：

新雪谷町建有 38 条缆车线路，覆盖了长达 48km 的地形区，并且雪量充沛（日本国家旅游机构的数据显示，积雪层厚度可达六七米）。此外，在每年 1 月到 3 月中旬之间，滑雪者还可以在这里体验到轻状粉雪。度假区内有多处温泉，是滑雪过后的绝佳放松体验，滑雪基地之间提供班车服务。为了丰富冬季活动项目，相关设施也在加快打造，包括雪鞋健行、雪地摩托、空降式滑雪、雪地履带车滑雪和野雪滑雪。

3. 新雪谷町度假区的发展对河北省崇礼滑雪大区的启示

（1）滑雪同温泉休闲相结合

日本滑雪场最大的特色是把滑雪运动同传统的温泉休闲相结合。许多滑雪场及其周边的住宿设施中都带有温泉。滑雪之余洗个温泉浴，疲劳尽消。

（2）利用策略培养滑雪人口

充分利用赛事、媒体和学校培养滑雪人口。

日本的滑雪旅游产业发起于第二次世界大战后退伍的军人。日本运动员在 1956 年获得了一枚冬季奥运会银牌，促进了滑雪运动的发展。1987 年，一部以滑雪题材为主的爱情电影，也推动了滑雪运动的发展，其背后是日本滑雪行业协会利用题材有意识地推动该项运动的发展。另外，在学校推广滑雪运动，一般情况下，学生在小学就开始在冬季体育课上学习滑雪了。

（3）政府硬件投资

为举办冬季奥运会，日本政府出资修筑了包括长野新干线等交通设施，极大地带动了日本滑雪旅游业的发展。

（4）地方政府支持

日本滑雪旅游产业的发展并非一帆风顺，在 20 世纪 80 年代后期，随着经济发展的停滞，日本滑雪旅游产业也随之滑落，全国滑雪人口从 1800 万跌落到 1300 万，在是否开放粉雪雪道的问题上，传统的日本文化同西方的需求之间产生了矛盾，623 家滑雪场中近半数滑雪场徘徊在破产边缘。1987 年，日本政府出台经济发展法案，及时地支持了滑雪旅游产业的发展。截至 2000 年，在地方政府的帮助下，只有 4 家滑雪场破产关闭。

（5）强化滑雪营销

日本滑雪旅游产业的营销能力无疑具有世界级水准。从国家层面到具体的滑雪场经营者，滑雪旅游产业应用了多种创新的市场开发策略与营销策略，从滑雪价格的设计、会员制的引入到广告的应用，吸引了来自全世界的游客。例如，强调对于年轻家庭特别是对于儿童的宣传营销，定向吸引澳大利亚、韩国和中国的游客等。

（6）积极提高滑雪场战略管理水平

滑雪场运营效果与管理水平直接相关，其过程是通过运营理念结合战略管理而形成的相应实践。应该意识到，理念先行融合管理跟进是需从日本滑雪场运营中汲取的宝贵经验。我国滑雪场运营刚刚起步，所经历的时间短、经验少，管理相对滞后，因此，对运营与战略管理的关系需要准确把握。本质上，战略管理是滑雪场运营的关键性组成，特别是对大规模和能够形成滑雪联盟的雪场而言，战略明确才能对滑雪场高质量运营形成指引。

（7）创新融入不同地域文化

地域文化是滑雪场特色和价值的重要组成，融合地域文化的滑雪场更具有生命力和竞争力。日本滑雪场运营成功的主要经验之一就是积极融入地域文化而形成的创新，并且这种地域文化兼具知识性和参与性。目前我国滑雪场数量稳步扩增，但雪场运营仍然同质化严重，冰雪文化、民族文化、国家文化等相对缺失，特别是占雪场比例较大的中小规模雪场运营模式单一，难以扩大消费群体形成持续性收益。

（8）主动回归自然生态

回归自然是滑雪场得以健康生存的必要条件，融入生态旅游与自然景观则是滑雪场自身魅力彰显的关键点。滑雪场运营中，生态资源的深度体验日益受到欢迎，这意味着滑雪场本身就是一种生态服务的供给者，脱离自然生态的滑雪场则失去了其发展的重要基础。目前，我国滑雪场地数量相对较多，但雪场运营中所结合的生态和自然景观方面并不突出，并且与自然生态资源融合的意识严重不足。事实上，滑雪场运营不是单纯的场地运营，而是结合周边生态环境所形成的综合性服务产品开发。这也意味着，我国滑雪场运营应把滑雪场的生态价值与其内在价值进行深度融合，具体启示有以下两点。一是要在滑雪场运营中重视对自然环境的吸纳，这种吸纳不一定完全着眼于大景观，回归自然本身才是关键。结合我国滑雪场现有情况，很多中小规模雪场因所处地理环境及位置的关系，缺少壮丽的景色资源，但这不否定其可以对周边及已有的生态资源进行深度开发和利用。对于多数雪场而言，无论是充满地域色彩的乡村旅游，还是周边简单的生态体验，都可以通过布局、改造、积极融合及创新打造为滑雪场的新服务供给。二是要强化运营主体的生态视野和生态观，即我国滑雪场运营不单单要重视生态与自然景观在雪场运营中能够产生的经济效益，还应使雪场真正融入所处的自然环境中，与周边生态圈可持续性发展，协同获益。在这一点，河北崇礼太舞滑雪小镇、吉林市松花湖滑雪场在非雪期运营方面理念先进，已形成了明显优势，但仍然可以通过开发周边森林、水域等自然资源实现雪场竞争力的进一步优化和提升。

（9）全面供给高质量滑雪服务

高质量的滑雪服务供给涉及滑雪场运营的方方面面，包括足够的积雪量、雪道多样化、缆车互通、交通便利性、餐饮住宿与休闲活动多样化等。对于我国滑雪场运营而言，服务质量是其整体运营效果的核心，明确质量至上的理念非常关键，不但相关活动要丰富，其服务也应形成高标准。我国滑雪服务在质量提升中可以先按人群类型划分，有针对性地完成。究其原因：一方面，这是由于目前我国滑雪人口数量急需提升，只有通过契合性的高质量滑雪服务，才能有效扩展初级滑雪消费市场；另一方面，只有各滑雪场更重视对滑雪服务质量的升级，才能够进一步开发和延伸现有的服务组成，进而提升滑雪消费者对滑雪场的忠诚度。必须意识到，高质量是服务性产品形成竞争力的关键，滑雪体验不仅是一种服务性体验，还是关系到滑雪场服务满意程度，进而决定滑雪消费者对滑雪场地忠诚度的重要影响因素之一。具体建议为：一是滑雪场可根据雪场消费者的技术特征、年龄特征及需求特征等形成不同的服务供给；亦可根据滑雪人口的多元化需求给予额外关注。例如，针对初期滑雪者的滑雪培训服务需求，应从滑雪指导、雪道类型及安全设施上给予更多重视。二是要在不同运营的细节上形成人性化服务设计。在此方面，亚布力阳光度假村滑雪场的服务就相对细致入微，如在雪具调试、辅助游客上下缆车等方面服务周到，此外还可在雪具存放、气温显示、雪道人数提示等方面进一步优化。概括而言，高质量滑雪服务就是要结合滑雪场的内在特征与消费特点，以满足消费者需求为基本宗旨，以获取消费者忠诚度为最终目标。

纵观日本滑雪场运营，其运营历程、运营组成及市场开发等方面都具有自身特征，汇集不同要素可以形成特有的运营模式。对日本滑雪场运营模式的判断是通过国家特征及资源条件所呈现的运营结果分析，模式蕴含了日本滑雪场发展中的可借鉴经验及先进理念。审视我国滑雪场发展，场地数量与消费热度已然迅速提升，但高效率的滑雪资源开发利用，高质量的滑雪服务供给与国外有较大差距。因此，通过对日本滑雪场运营的探究，可以结合自身优势主动弥补不足，从具体模式出发形成理念借鉴；通过战略管理、地域文化、生态融合及服务提升的不同层面亦可以找到滑雪场运营的关键性方向。应该意识到，在 2022 年北京冬奥会背景下，崇礼滑雪大区需要明确滑雪场的运营模式及理念，只有紧密结合时代特征，聚焦先进经验，才能快速推动冰雪运动的消费升级。

（二）韩国

1. High 1滑雪度假村的发展对河北省崇礼滑雪大区的启示

政府和企业合作。High 1滑雪度假村由矿山开采到发展滑雪旅游，成功实现产业转型，带动山区发展，强区惠民。河北省崇礼的多乐美地山地运动度假区应重点以此为借鉴。

2. 阿尔卑西亚滑雪度假村的发展对河北省崇礼滑雪大区的启示

（1）政府主导，财力支持，快速推进

以承办赛事为主体，地产跟进，优质项目聚集，进而实现竞技滑雪带动大众滑雪普及的目标。张家口赤城的冰山梁滑雪旅游区和崇礼的密苑云顶乐园应重点以此为借鉴。

（2）保护环境，低碳环保

污水处理二级达标，水质超过汉江；生态恢复和治理、空间管制、砍一种百、大量补植；生态补偿、措施到位；地产设计，简约环保。河北省崇礼滑雪大区应充分以此为借鉴。

（3）针对家庭，儿童第一

"Kids World"，娱乐运动，老少皆宜；冬雪夏绿，四季旅游，全年运营。河北省崇礼滑雪大区应重点以此为借鉴。

（4）城旅结合，设施齐备

依山就势、立体停车；资源布局积聚，高效集约。河北省崇礼的万龙滑雪场应重点以此为借鉴。

（5）明星广告，宣传营销

河北省崇礼的密苑云顶乐园应重点以此为借鉴。

3. 龙平滑雪度假村的发展对河北省崇礼滑雪大区的启示

龙平滑雪度假村属于大区域性滑雪场——具有较好的山地条件、雪地条件和林地条件，垂直落差500~800m，海拔不高，但是年均降雪量达2.5m。最低气温 −19℃，素有韩国屋脊之称。适宜滑雪期为每年11月到次年4月初。滑雪区域面积为100~250km²，雪道数量较多，适合高级滑雪者及初级滑雪者的雪道占25%~35%，滑雪场还有少量的野雪滑雪区；配备完善的索道系统，造雪系统覆盖面积不低于雪道面积的70%，造雪时间为600~1000h，旅游季可进行有限的造雪补充；场地可以举办单项国际滑雪比赛；具有一定量的冬夏季活动项目，保证一年的营运时间不低于5个月；对一些特殊的市场有吸引力，如滑雪俱乐部或滑雪团体；区内开发一定量的住宅和房产，房产购买者多以投资为主要目的，而不是居住，是一般性的冬季度假地。

4. 大明维尔瓦第公园的发展对河北省崇礼滑雪大区的启示

（1）距离首尔最近，国际水准，大企业主导，市场化运作，"Ocean World"水上乐园做足四季旅游大文章，效益最佳。河北省张家口滑雪旅游区应重点以此为借鉴，做大做足温泉养生和水上项目的文章。

（2）明星服务，游客至上。地产建设豪华舒适，"Always Family"，宾至如归，如家一般的感觉，胜于家庭豪宅；免费大巴，全天接送，直通雪场；夜间滑雪，次日返回。河北省崇礼的密苑云顶乐园和万龙滑雪场应重点以此为借鉴。

（3）红花梁滑雪旅游区可借鉴韩国"大明"模式，以密苑云顶乐园为核心，打造高档次综合性休闲娱乐度假区。该模式的核心：市场化运作，大企业主导，综合开发；四季旅游，最高水准；规模经济，效益最大。

（4）冰山梁滑雪旅游区可借鉴韩国"阿尔卑西亚"模式。该模式核心：政府主导，赛事主体，地产跟进，大众滑雪。冰山梁滑雪旅游区是河北省崇礼滑雪大区内唯一满足冬季奥运会高山速降项目地形要求的区域，建议由政府主导，投资新建竞技滑雪基地，为举办 2022 年冬季奥运会早做准备。

第二节 我国滑雪体育旅游区发展经验借鉴

一、黑龙江省

（一）地域概况

黑龙江省滑雪旅游资源得天独厚，是中国滑雪旅游资源最为丰富的省份。黑龙江省境内山地有大兴安岭、小兴安岭、张广才岭、完达山、大青山等，山地面积占全省面积58%，林区面积占43.6%，森林面积为全国省区市之首。全省海拔1000m 以上适于建造滑雪场的山峰达 100 多座，坡度适中。

（1）河流和湖泊

黑龙江、乌苏里江、松花江、嫩江和绥芬河构成五大水系，有兴凯湖、镜泊湖、五大连池、莲花湖等 6000 多个湖泊、水库、湿地，具有开发越野滑雪、滑冰和狗拉雪橇的潜力。

（2）降雪

冬季雪量大，雪期长，雪质好。雪期从 10 月末到次年的 4 月初。山区平均积雪厚度为 30~50cm，山顶积雪厚度为 80~100cm。近年来由于气候变化的原因，降雪量发生了变化，稳定的雪期减少到 100 天。

（3）气候

属中温带气候，四季分明。年平均气温为 1.9~3.6℃。霜期从 10 月末延至次年 4 月初。1 月和 2 月的平均气温为 –18℃，许多时候最低气温达 –30℃。低温给滑雪度假区的开发带来了一些困难，是冬季体育设备和服装经销商与生产者面对的挑战之一。

（二）滑雪旅游资源概况

1. 自然资源

黑龙江省是最早将滑雪这一运动划入旅游产业的省份。同时，它也是我国滑雪旅游产业资源最丰富的省份之一。据调查，黑龙江的森林覆盖率达到 42.9%，林地面积占有率在我国排名第一。黑龙江有 60% 为山地，并由于其属于大陆性季风气候，冬季常被冰雪覆盖。因此有上百个可以建造滑雪场的绝佳之地。

哈尔滨市是黑龙江省内最具有旅游特色的城市。哈尔滨市的土地面积在我国城市排名中名列前茅，管辖 7 个区 12 个县（市），总面积达 56579km²，人口高达946 万。哈尔滨市的纬度在我国所有省会城市中是最高的，夏短冬长，冬季常被冰雪覆盖，也常有雾凇出现。哈尔滨土地广阔，森林山地面积大，有 8 个国家级的森林公园，可见哈尔滨市整体的自然资源特别丰富。

2. 雪场资源

哈尔滨市有着悠久的滑雪历史。早在 20 世纪 30 年代，中国第一个滑雪场就是在哈尔滨的玉泉北山上建造的。

60 年代起，尚志乌吉密滑雪场和延寿长山滑雪场先后建立，为运动员的训练提供了绝佳的训练场所。亚布力滑雪场是目前中国闻名的滑雪场，于 1985 年所建，该滑雪场主要用于体育竞技以及运动员的训练，不对外来人员开放使用。

目前哈尔滨市共有滑雪场 125 家，分布以东南地区较多，具有市区较少，郊区较多的分布特征，设备较为完善、较为出名的滑雪场有欧亚风情园滑雪场、名都滑雪场、儿童公园滑雪场、运粮河山庄滑雪场、亚冬滑雪场、国际高尔夫俱乐部滑雪场、亚布力风车山庄滑雪场、亚布力滑雪场（原体委滑雪场）、惠扬滑雪场、二龙山龙珠滑雪场、平山度假村滑雪场、玉泉北山滑雪场、玉泉狩猎场滑雪场、玉泉威虎山森林公园滑雪场、玉泉王老师滑雪场、玉泉霜雪滑雪场、冰雪游乐园滑雪场、哈尔滨（玉尔）万博文化山庄滑雪场、得莫利滑雪场、桃山滑雪场、带岭滑雪场、梅花山滑雪场、麒麟山滑雪场、兴安滑雪场、寿山度假区滑雪场、横道河子滑雪场、双峰滑雪场、颐池山庄滑雪场、郭家沟滑雪场、省财政牡丹江中心滑雪场、溪岭滑雪场、国门滑雪场、天水湖公园滑雪场、五指山公园滑雪场、卧牛湖滑雪场、黑龙江山庄滑雪场、明月岛滑雪场、街津口滑雪场、吉兴滑雪场、云峰山滑雪场、平山神鹿滑雪场、帽儿山高山雪场。

3.景观资源

哈尔滨的圣·索菲亚教堂和中央大街步行街是特别独特的景观，玉泉狩猎场作为一个封闭式的狩猎场位于亚洲第一，还有东北虎林园是世界少有的东北虎基地，以及美丽的太阳岛如光辉璀璨的宝石，在松花江畔散发光辉，有"东方莫斯科"和"东方小巴黎"之称的哈尔滨将中国文化与西方文化完美地融合在一起。

2000 年时，"哈尔滨冰雪大世界"建立完成。其内的冰雕以独特的观赏价值一直处在国际前列，受到国内外游客的认可，已经成为最具中国特色的冰雪旅游景观，哈尔滨也因此成为中国冰雪之乡的最热门城市。作为国家雪雕艺术的发源地和领导者，太阳岛雪博会对于哈尔滨冰雪节来说不可或缺。大量的景观资源与滑雪旅游相得益彰，共同影响哈尔滨市滑雪旅游产业整体发展的实现。

4.赛事资源

全国冬季运动会是中国规模最大、冬季运动项目最全面的冬季盛会。由于冬运会受到场地、气候和环境等很多条件的限制，因此冬季运动会的场馆大多位于东北地区。因此在 1959 年 2 月，黑龙江省举办了中国第一届冬季运动会。

自 2015 年以来，哈尔滨由于其独特的冰雪资源，多次举办冰雪项目国家级和国际级的比赛。丰富的赛事资源一方面带动竞技体育的发展，另外一方面由赛事带来的消费拉动哈尔滨体育赛事产业的消费，此外由于冰雪项目较多，让更多的游客了解到了哈尔滨市独特的冰雪资源和冰雪特色。

哈尔滨市除了举办竞技性强的正规赛事，还举办了很多快乐至上的非正式赛事，如高山舞龙滑雪大奖赛和趣味滑雪比赛等。同时，冰雪比赛对于哈尔滨的任何冰雪盛典来说都不可或缺。人们喜欢观看并积极参加快乐的滑雪运动也增加了人们对滑雪运动的兴趣，并为滑雪旅游和滑雪旅游产业的发展奠定了基础。

5.设施资源

哈尔滨市交通运输系统发达，水、陆、空三维运输是全方位的。哈尔滨与俄罗斯、韩国、朝鲜等国都有特别频繁的交通运输往来。哈尔滨港正属于中国著名的八大内河港口，与俄罗斯互通互联。这些完善的交通系统确保了国内旅游和跨国旅游的行程。

滑雪旅游不仅直接带动了服务业、媒体业等经济产业的消费，而且对电子商务的贡献也特别大，滑雪产业与电子商务碰撞出的火花让哈尔滨滑雪旅游产业前途一片光明。在滑雪节期间，各大连锁酒店或者各大知名酒店基本都人满为患。体育训练队和参赛队是大量的高消费人群，利用这些体育训练基地的优势，如果可以更好地发展，将为哈尔滨体育旅游业带来可观的经济收入。

经过多年的训练和培训，哈尔滨走出了多个与冰雪项目有关的精英队伍，承包了黑龙江省乃至全国、全球的与冰雪艺术有关的设计和建造主要项目。近年来，哈尔滨的城市基础设施日臻完善，各种基础设施保证体系功能不断提高，名列全国"投资硬环境40优"之一。冰雪设施的逐步完善为哈尔滨市滑雪旅游业的发展提供根本的保障。

（三）案例：亚布力滑雪旅游度假区

1. 亚布力滑雪旅游度假区概况

亚布力滑雪旅游度假区位于黑龙江省东部尚志市境内，距尚志市亚布力镇20km，距哈尔滨市240km，距牡丹江市90km，距牡丹江机场120km，301国道支线可直达度假区。全区规划面积260km^2，现有7处体育竞技滑雪场和19处旅游滑雪场，拥有初、中、高级雪道40余条，滑雪里程超过110km。其中，竞技滑雪场有9条高山雪道、10条越野雪道，雪道总长度为52km。花样滑雪场地、K125m跳台滑雪场地、K90m跳台滑雪场地、自由式空中技巧U型池滑雪场地、冬季两项滑雪场地等国际标准滑雪竞赛场地设施一应俱全。其中，高山滑雪场地、跳台滑雪场地、自由式滑雪场地已通过国际滑雪联合会认证。初级雪场有亚布力大青山滑雪场、亚布力云鼎雪场、亚布力风车山庄滑雪场、亚布力好汉泊滑雪场、亚布力阳光度假村滑雪场、亚布力雅旺斯滑雪场；中高级雪场有亚布力新体委滑雪场、亚布力新濠阳光度假村滑雪场。亚布力滑雪旅游度假区内分布着几十家星级饭店，亚布力国际会展中心、新濠度假村和亚布力广电中心国际酒店3家为五星级宾馆，此外还有多个三星级宾馆。

（1）亚布力滑雪旅游度假区旅游竞争力影响要素

①亚布力滑雪旅游度假区旅游资源、设施设备

亚布力滑雪旅游度假区由长白山脉张广才岭的三座山峰组成，即海拔1374.8m的主峰大锅盔山、海拔1100m的二锅盔山、海拔1000m的三锅盔山。大

锅盔山和二锅盔山以竞技滑雪为主，是国家滑雪运动员的训练基地，也是自然资源部南极考察队员的训练基地；三锅盔山以旅游滑雪为主。亚布力滑雪旅游度假区山高林密，属温带大陆性季风气候，极端最低气温 -44℃，平均气温 -10℃，冬季山下积雪厚度为 30~50cm，山上积雪厚度约 Im，雪质优良，硬度适中。积雪期 170 天，滑雪期近 150 天，每年 11 月中旬至次年 3 月下旬是最佳滑雪期。

亚布力滑雪旅游度假区分为竞技滑雪区（主要位于大锅盔山和二锅盔山）和旅游滑雪区（主要位于三锅盔山）。竞技滑雪区拥有 9 条高山雪道、10 条越野雪道，雪道总长度 52km，5 条滑雪缆车，其中包括 1 条 6 人吊厢式缆车和 1 条防风罩吊椅缆车。同时，竞技滑雪区还拥有国际标准的花样滑雪场地、K90m 跳台滑雪场地、冬季两项滑雪场地、室内体育馆各一个。旅游滑雪区拥有 21 条初、中、高级雪道，其中高山雪道长 3080m，平均宽 50m，垂直落差 804m。滑雪场内还有长达 5km 的环形越野雪道和雪地摩托、雪橇专用道，以及 2 条吊厢索道、5 条吊椅索道、3 条拖牵索道和 1 条提把式索道。旅游滑雪区可为游客提供高山滑雪、雪橇滑雪、雪地摩托、狗拉雪橇、马拉雪橇、湖上滑冰、堆雪人、雪地烟花篝火晚会等游艺项目，还辟有儿童滑雪娱乐区和风车传统滑雪区。亚布力滑雪旅游度假区现有亚布力国际会展中心、新濠度假村和亚布力广电中心国际酒店 3 家五星级宾馆，三星级宾馆有 4 家，还有新纪元滑雪俱乐部和云鼎宾馆等可以满足游客住宿和餐饮需求。另外，在山脚下青山村设有农家火炕也可供游客食宿。同时，亚布力滑雪旅游度假区设有雪具出租店和滑雪学校，还有山顶、山腰、山下的多处酒吧、快餐店、购物中心、红十字救护站，以及通信等服务配套设施。

②亚布力滑雪旅游度假区区位条件

亚布力滑雪旅游度假区处于 301 国道和滨绥铁路两条干线上。这条线路正是黑龙江省东南部的旅游线，也是黑龙江省的黄金旅游线，旅游资源密集、旅游客流量大。度假区距哈尔滨 240km，乘车时间在 2.5h 左右；距牡丹江海浪国际机场 120km，乘车时间在 1.5h 左右。哈尔滨直通度假村的"滑雪场高等级公路"现已开通，交通快捷方便。

③亚布力滑雪旅游度假区旅游形象

从旅游地本身角度看，滑雪旅游地形象具有有形和无形两种特性。无形形象是指滑雪旅游地本质特性的抽象概括，也是滑雪旅游地形象的核心和精髓，它的主要内容就是滑雪旅游地的社会观和价值观、创新精神和诚信精神。有形形象是指滑雪旅游地内在特征的外部传达和表现，一般通过图形、文字、色彩及各种载体等表现在外的因素反映出来，是游客对滑雪旅游地外在表现因素所存在的印象、看法等。滑雪旅游地的好形象、好口碑使游客产生一种追求感，进而驱动游客前往。树立与维持滑雪旅游地在游客心目中的良好形象，是滑雪旅游地保持其旺盛生命力的法宝。黑龙江省"中国滑雪旅游胜地、世界冰雪旅游名都"的形象被广为认可，成为公认的中国滑雪旅游产业强者。

亚布力滑雪旅游度假区的美称与赞誉：国家 AAAA 级旅游风景区、中国的惠斯勒、中国的达沃斯、中国雪都、中国滑雪代名词。

体育赛事是滑雪度假区发展的重要载体和旅游滑雪的精美名片。亚布力滑雪旅游度假区是中国第一家具有国际标准、集竞技滑雪和旅游滑雪为一体的综合性大型滑雪旅游度假区，是中国滑雪旅游的发祥地和中国滑雪旅游产业的龙头，是世界十大滑雪场之一。该度假区先后承办了第三、第五、第七、第十届全国冬季运动会、第四届亚洲少年高山滑雪锦标赛、第三届亚洲冬季运动会、第 24 届世界大学生冬季运动会等大型滑雪比赛及 100 余次洲际单项滑雪比赛。这里还是中国企业家论坛年会的永久会址，被誉为中国的达沃斯。

④亚布力滑雪旅游度假区旅游产品价格

初级雪道低价，高级雪道高价，青少年学生优惠价。在其他因素相同的情况下，价格较低的滑雪旅游地对游客的吸引力较高。

⑥亚布力滑雪旅游度假区发展环境

政策环境：黑龙江省政府根据实际情况，提出了把滑雪旅游确定为黑龙江省冬季旅游的主攻方向和支柱性旅游项目，制定了一系列保障滑雪旅游可持续发展的优惠政策。政府在土地使用与管理、道路建设、水电保障、配套产业规划与发展等基础设施方面都做出了积极的努力。体育部门和旅游部门有效配合，在各自的行业管理和滑雪旅游相结合等方面做了大量的工作。黑龙江省政府大力扶持和"三冬会"强力拉动，亚布力的"转身"轨迹清晰可见。亚布力国际会展中心、亚布力阳光度假村、黑龙江省体育局亚布力滑雪场、亚布力国际广电中心等新地标拔地而起，亚雪公路、苇亚铁路交织成快捷安全的交通网络。亚雪公路将亚布力与雪乡连为一体，双景同辉，联手共赢，北京与牡丹江之间的特快列车往返停靠亚布力南站，亚布力支线机场建设被列入黑龙江省"十二五"规划。

法律环境：主要起到规范调整各个法律关系主体之间的法律地位及其相互关系的作用。这里的法律关系主体包括旅游行业管理者、旅游者等。我国滑雪旅游正处于产业发展的初级阶段，法律的不健全在一定程度上制约了滑雪旅游的健康发展。但这是滑雪旅游的必经阶段，需要相应行业管理部门、旅游企业以及旅游者等法律关系主体各司其职，才能循序渐进地完善和发展。

文化环境：滑雪在北方一直作为竞技体育项目保存和发展，20 世纪 30 年代，旅居哈尔滨的白俄罗斯人在玉泉北山建立了中国第一家滑雪场，用于冬季室外健身和娱乐，为滑雪运动的兴起创造了良好的环境，然后经过竞技滑雪阶段、旅游滑雪阶段直至形成滑雪旅游产业初级阶段，可谓历史悠久。同时，独特冰雪旅游资源、丰富的少数民族风情吸引了大量的海内外游客，使得滑雪这一项目以其极强的参与性、娱乐性占据了冬季旅游市场中很大一部分份额。

（2）亚布力滑雪旅游度假区旅游竞争力分析

有研究者采用模糊评价法，对亚布力滑雪旅游度假区旅游竞争力进行了评价，结论如下：22.2% 的人认为亚布力滑雪旅游度假区旅游竞争力很强，26.5% 的人认为亚布力滑雪旅游度假区旅游竞争力较强，34.4% 的人认为亚布力滑雪旅游度假区旅游竞争力一般，14.4% 的人认为亚布力滑雪旅游度假区旅游竞争力较弱，2.5% 的人认为亚布力滑雪旅游度假区旅游竞争力很弱。

2. 亚布力滑雪旅游产业的经验

（1）积极承办"三冬会"，通过赛事对滑雪场提档升级

亚布力滑雪旅游度假区先后承办了第三届、第五届、第七届、第十届全国冬季运动会，第四届亚洲少年高山滑雪锦标赛，第三届亚洲冬季运动会，第 24 届世界大学生冬季运动会等大型滑雪比赛及 100 余次洲际单项滑雪比赛。2007 年 12 月，中国滑雪协会正式命名尚志市为中国雪都。每次赛事对亚布力滑雪场都起到了提档升级的作用。

（2）在国内率先尝试多元化经营，探索管理创新

1994 年，中期公司投资亚布力，具有超前意识。1996 年，亚布力滑雪中心（风车山庄）正式进行商业运营，使亚布力由原来一片荒野发展成为世界知名的大型综合性旅游滑雪度假区，为中国滑雪场探索出具有中国特色的管理模式，培训并输送了一批高级管理人才，带动了相关产业的发展。亚布力滑雪中心（风车山庄）在建立之初就在北京投入 3000 多万元进行推广和公益宣传，此后每年花费 200 多万元维护亚布力滑雪品牌，在全国乃至世界范围内树立了亚布力滑雪品牌。此后 10 年，中期公司所投资的亚布力滑雪中心（风车山庄）上缴各种税收 1000 万元，并为当地提供了数量可观的就业机会。

3. 亚布力滑雪旅游产业的教训

（1）滑雪旅游产业缺乏整体的科学规划和市场培育导向

在一年四季的变化中，冬季雪期比较短，对滑雪旅游产业的发展有一定的影响，但是科技的进步，市场的不断扩展，让滑雪旅游业的主体地位不断突出。历

经数十载的发展，中国滑雪旅游市场已经初步构建完成，各个省市也根据自身的地理条件、市场需求开展了滑雪旅游项目，进一步推动了市场的扩大。在最近几年期间，哈尔滨着重发展省外游客，严重忽视本省内的客源市场，以及大家的消费水平。众所周知，哈尔滨市的冬季时间较长，寒假时长多，省内游客利用闲暇时间以家庭形式进行滑雪旅游，而省外游客虽然冬季出游消费指数增加，但是大多属于体验式消费，对哈尔滨市的滑雪旅游产业发展力度较弱。

此外，哈尔滨市的滑雪旅游产业发展相对完善，运营时间较长，处于中国领先地位。但是大部分的滑雪旅游企业属于私营企业，在软硬件设施条件方面参差不齐，如比较小的滑雪场设备简陋，并不能让游客感受到滑雪的魅力，降低游客的初体验，从而影响消费意识，不利于滑雪人口的持续健康增长，甚至限制了哈尔滨滑雪旅游产业的发展，对市场开发产生不良影响。究其原因，首先是市场开发有效性低，滑雪企业的资源配置参差不齐，然后就是哈尔滨市的滑雪旅游产业缺乏整体的规范与设计，在运营方面没有统一的合格标准，过分关注经济效益，与当地其他产业缺乏有效融合，没统一布局，所以市场运营问题不断地暴露出来。另外，度假区内除拥有高山雪道的竞技滑雪区和阳光度假村外，还存在其他小型滑雪场。小型滑雪场多为低水平重复建设，设施较简单，雪具陈旧，环境和卫生条件不佳，缺乏有效整合，导致原有旅游滑雪场经济效益滑坡，束缚了企业进一步升级。

（2）缺乏标准化、专业化管理，企业缺乏核心竞争力

滑雪旅游产业管理体制机制较为不顺。度假区内管理、体制机制不顺，尤其雪道分割现象十分严重，大大降低了整体实力。滑雪场分布错综复杂，分属不同的机构，缺少统一的规范和管理，如青山村农家大院住宿接待没有统一的规划和管理，硬件设施简陋，缺乏旅游资源的专业整合，给整个度假区的管理带来很大困难。由于经济利益驱动和行业管理政策、法律不健全，周边部分小型滑雪场进行无序竞争，破坏了整体统一性，损毁了多年树立的品牌，已成为整体实力提升的障碍。

外部经济、区域要素和企业行为是产业集聚演化的主要影响因素。就亚布力滑雪旅游度假区而言，聚集效应和区域要素是影响滑雪经营企业集聚的外部变量，而企业行为本身（企业的竞争、合作和创新）对整个企业集聚的演化过程有非常大的作用，并且在演化的不同阶段，企业的主要行为也会出现差别。

滑雪企业在市场上的竞争，短期内主要表现为产品的价格竞争和服务竞争，从长期看，则是企业核心竞争力的较量。滑雪企业核心竞争力是滑雪企业发展独

特技术、开发独特产品和发明独特营销手段的能力。它以滑雪企业的技术能力为核心，通过市场预测、战略决策、产品设计开发、市场营销、内部组织协调管理的交互作用，获得使滑雪企业保持持续竞争优势的综合能力。

（3）滑雪旅游产业链不完善

国际奥委会第 128 次全会通过了北京 2022 年冬奥会的申请，在此背景下，国民群众对滑雪话题的讨论越来越多，滑雪旅游产业兴起，并得到政府政策支持，使得国民大众在滑雪消费能力上得到提升。但是在哈尔滨市的滑雪产业发展中，其周边地区不平衡，产业链组成较为单一，运营质量参差不齐。例如，小型雪场在哈尔滨滑雪旅游产业中占据主要市场；大部分滑雪游客的滑雪体验不佳，在雪场停留时间较短，不能很好地带动周边产业发展；与其他省份相比，哈尔滨雪场的运营设计不完善、缺少地产开发、消费主义划分不细致。总之，了解其市场化程度是完善哈尔滨滑雪旅游产业链的重要举措，能够从根本上推动哈尔滨旅游产业高质量发展。

（4）营销意识薄弱，旅游服务质量有待提高

亚布力滑雪旅游度假区的确存在历史优势、品牌优势和规模优势，但有些优势，如滑雪期长、雪质好等相对优势随着时间的推移以及后开发地区的跟进已变得不是明显优势了。根据滑雪旅游分析的漏斗模型理论（增长 = 尝试 + 转化），滑雪者的第一次滑雪经历至关重要，它直接决定了其今后是成为滑雪爱好者还是从此放弃。因此，必须更好地确定消费者的需求和期望值，必须提供高质量的旅游服务。

滑雪场服务意识淡薄，管理缺乏规范性，对工作人员的培训不到位，专业知识了解不够，有些滑雪场甚至存在家庭式管理，从业人员不固定，流动性大，缺乏优质、稳定的服务体系。另外，大多数滑雪场不具备专业救护设备和救护人员，救护体系不完善。这样势必影响滑雪旅游地的经济效益及社会效益。滑雪旅游散客数量众多，往往对方便快捷的网络信息服务有更多的要求。度假区内各滑雪企业采用的营销方式各有不同，包括营业推广、公共关系营销、媒体广告以及报纸杂志等，但网络营销却颇为滞后。有些滑雪场虽建有自己的网页，但缺乏完善的网上预订系统，在一定程度上阻碍了有潜在滑雪旅游需求的游客。亚布力滑雪旅游度假区在宣传时，没有一个统一的可让游客识别的形象，使游客对亚布力滑雪旅游度假区的客观印象和评价褒贬不一，影响了潜在的市场需求。《黑龙江省与北京市及周边地区滑雪场经营现状的对比研究》中指出，黑龙江省有 40% 的滑雪场盈利，有 60% 的滑雪场处于持平和亏损状态。

（5）产品缺乏差异化，对相关产业的带动作用有限

滑雪旅游产品同质化现象较严重，硬件配套设施大同小异，所以其软件设施，如地理环境、文化氛围等的建设是重要环节。度假区内大部分滑雪场和酒店经营者缺乏先进理念，在硬件设施上的投入较多，不注重治理、美化环境；滑雪旅游产品结构单一、缺乏特色，娱乐项目少，滑雪氛围的营造不够，滑雪场的吸引力有待提高。

（6）滑雪旅游与冰雪文化结合不够，尚未做出自己的文化个性

很多优势资源还在沉睡，如黑龙江省土著民族民俗文化没被挖掘利用，黑龙江省冰雪历史文化没有在滑雪旅游中充分呈现。

（7）环境保护与开发出现矛盾

亚布力滑雪旅游度假区已不复林海雪原的昨日盛景。人工造雪耗电、楼内供热系统排放烟尘加速积雪融化，在一定程度上加剧"小环境"气候变暖。由于越来越依赖人工造雪，以及建筑物数量和人流量愈来愈大，滑雪场对水资源的消耗剧增，甚至出现人与滑雪场争水的局面。亚布力滑雪旅游度假区面临着两个方面的问题：第一，如何处理好滑雪场开发与环境保护两者关系？滑雪场开发的规模与方式，既需要政府各部门的共同决策、管理，也要有公众的参与和听证，还要考虑气候变化、当地水资源量、环境承受力等因素。国外滑雪场开发主要有两种模式，一种是北美模式，以大型的房地产项目带动滑雪场建设，另一种是欧洲模式，专注于滑雪场建设本身。例如，举办2010年冬季奥运会的加拿大小镇惠斯勒的官员向媒体公开表示，在冬季奥运会之前，当地不再新建宾馆，不再加宽现有道路，以减轻游客对环境的压力。第二，打造北方旅游名镇，集滑雪、休闲、度假于一体的法宝各不相同，以何制胜？是通过高标准赛事提升实力，产业发展围绕品牌建设？还是靠平民战略，以低廉价位服务百姓，突出可玩性吸引游客？

4.亚布力滑雪旅游度假区的发展对河北省崇礼滑雪大区的启示

（1）细致服务，政府有所为有所不为

政企分开，充分发挥政府职能，正确引导，细致服务。

根据情况，选择政府主导、企业主导或政企合作多种模式。

力争投资主体多元化、融资渠道多样化、经营主体民营化、资源配置市场化。

（2）理顺管理机制，整合大旅游资源

创新和完善地方政府规制，优化地区经济发展环境。各政府部门统一协调，避免政出多门。

协调利益关系，调整开发行为，统一开发力度，保障长远发展。

根据市场状况和区域滑雪旅游资源特点，制定滑雪旅游的发展方向和战略，确定滑雪旅游的主题和形象，整合区内旅游资源，打造最具市场竞争力的核心产品，形成有吸引力的旅游目的地。

（3）倚重自主创新、注重培养核心竞争力

倚重自主创新，树立品牌，维护品牌，重视对地理环境、文化氛围等软件设施的建设；做好准确的市场定位，满足消费者的日趋个性化和差异化的需求，避免产品结构单一、核心产品同质化；将高价战术转变成质量战术，在保证滑雪旅游产品质量稳步提高的基础上，不断完善产品性能，丰富产品种类，走可持续性名牌产品之路，提升产品竞争力。

注重培养滑雪企业发展独特技术、开发独特产品、发明独特营销手段的综合能力。

慎重选择发展模式；引进和留住高级专业管理人才；提高管理效率。

（4）培育特色产业群，构建增长极，做长产业链

瞄准市场需求，积极推进生旅联动、商旅联动、文旅联动、交旅联动、农旅联动、工旅联动、体旅联动等大旅游发展模式。

（5）坚持生态优先，走可持续发展道路

处理好环境保护与开发关系，避免先开发后治理。

二、吉林省

（一）地域概况

吉林省位于中国东北地区中部，与辽宁、内蒙古、黑龙江相连，并与俄罗斯、朝鲜接壤，地处东北亚地理中心位置。

吉林省地貌形态差异明显。地势由东南向西北倾斜，呈现出东南高、西北低的特征。以中部大黑山为界，可分为东部山地和中西部平原两大地貌。东部山地分为长白山中山低山区和低山丘陵区，中西部平原分为中部台地平原区和西部草甸、湖泊、湿地、沙地区；地跨图们江、鸭绿江、辽河、绥芬河、松花江五大水系。

吉林省气温、降水、温度、风以及气象灾害等都有明显的季节变化和地域差异。春季干燥风大，夏季高温多雨，秋季天高气爽，冬季寒冷漫长。从东南向西北由湿润气候过渡到半湿润气候再到半干旱气候。冬季平均气温在 –11℃以下。

（二）滑雪旅游发展环境分析

1. 经济发展环境

雄厚的经济实力是发展滑雪旅游产业的助推器，是支持产业升级与调整的后盾。对经济环境的分析，可以使吉林省滑雪旅游产业及时识别经济环境中的隐含机遇。目前，我国人均 GDP 呈稳步增长态势，据国家统计局发布的数据显示，我国 2015 年人均 GDP 达到 8000 美元，这标志着我国将会出现消费升级的趋势，这也就表示中国居民消费开始从"衣食住行"的基本物质文化方面的消费逐步转向精神文化方面的消费。

以增长为视角来看，2019 年我国人均 GDP 初次突破 10000 美元，增加了 5.8% 左右，而全国人均可支配收入同样增长 5.8%，这样的同步绝非偶然事件，而是长期的成果。除此之外，人均可支配收入还与日常中方方面面的改善都有着密切联系。日本经济学家提出"休闲体育的发展水平是与人均可支配收入的增长幅度成正比的"。滑雪旅游产业的发展作为社会发展过程中的必然产物，与人们的生活水平具有密切联系。据吉林省统计局统计，2019 年吉林省生产总值 11726.82 亿元，比上年增长 3.0%。城镇居民人均可支配收入是 32299 元，比上年增长 7.1%；人均消费支出是 14936 元，增长 4.5%。农村居民人均消费支出是 11457 元，增长 8.6%；人均消费性支出是 12050.2 元，增长 9.9%。并且根据 2019 年吉林省文化和旅游厅统计公报显示，2019 年共接待国内外游客 24833.01 万人次，比上年增长 12.08%，旅游总收入 4920.38 亿元，增长 16.85%。并且旅游人次与收入相比于 2016 年分别取得了 49.79% 与 69.82% 的增长，表现出了较快的增长趋势。由此可见我国与吉林省人均收入与消费支出以及旅游人次与旅游收入的增长，为吉林省滑雪旅游产业发展建立了稳固的平台与基础。

2. 社会文化环境

滑雪旅游作为当代人们多样化的生活方式之一，其发展程度与国家的发展程度是成正比的。因此，我国国力以及国民生活水平的持续攀升，寻求精神美好生活的向往逐渐凸显出来。从马斯洛需要层次理论来看，对于人们的需要从高水平到低水平进行排序，一旦低水平的需要基本得到了满足后，高水平的需要就会增加。近年来，随着人们对体育旅游消费要求的提高，传统的观光与度假型旅游项目已经不能满足目前体育旅游消费者多元化及多层次的消费需求。滑雪旅游产业作为以滑雪运动资源为基础，集体验性、娱乐性与刺激性于一体的具有休憩、观光与度假等功能的产业，不仅可以满足当代人们对生活的多元化需要，其时尚与个性的元素尤其取得了中、青年游客群体的关注。由此人们对体育旅游市场消费要求的提高，成为我国第三产业扭转局面的契机，使近年来的滑雪旅游消费呈逐年增长态势。

在 2022 年冬奥会的推进下，人们有意识地且积极地参与滑雪运动，也给予了滑雪旅游产业一个为社会大众所关注的机会。滑雪运动作为休闲运动具有很强的体验性，随着逐渐增加的冰雪消费能力，滑雪旅游产业逐渐显现出巨大的消费市场和发展潜力。在旅游资源方面吉林省拥有显著的优势，吉林省地处东北三省的中心地带，得天独厚的地理环境使吉林市、白山市、延边州以及长白山脉等地都拥有绵长的雪期、丰厚的雪量以及良好的雪质，被誉为"滑雪天堂"。截至 2020 年，吉林省共拥有国家 A 级旅游景区 231 家，其中 5A 级 7 家，4A 级 111 家。且吉林省作为一个拥有 55 个少数民族的省份，如满族、回族、朝鲜族以及蒙古族等都拥有自己丰富的民族文化特色。这些滑雪与旅游资源都充分彰显了吉林省与众不同的旅游风格。

3. 技术环境

在当今社会，先进的技术已然是经营管理以及先进生产的助推器，吉林省滑雪旅游产业应充分利用当前的先进技术以达到促进产业发展以及提高顾客服务质量的目的。互联网是人们日常生活不可分割的一部分，2015 年李克强总理在《政府工作报告》中初次发起了"互联网+"行动计划。自此"互联网+传统产业"便被当作为目前发展经济的必要手段和有效途径。在"互联网+"的影响下，滑雪旅游产业逐渐拓宽了思路和方法，为滑雪旅游产业的建设和发展提供了广阔的信息资源，使滑雪旅游产业在"互联网+"的推动下进行产业升级。虽然滑雪旅游产业兴起时间较短，但是从成长进程的角度来看，"互联网+"不仅激发了滑雪旅游产业的发展活力，还在开辟我国滑雪旅游产业发展的新路径上提供了很大的帮助，如"O2O"模式作为"互联网+融合性产业"时代的必然产物，其线上线下互动的方式促进了滑雪旅游产业经营模式的开拓和服务的完善，使滑雪旅游产业逐渐发展成为一个具有多种跨界合作和互联互通的巨大经济多面体。除此之外，大数据与区块链等技术的出现，也为滑雪旅游产业赋予了科学的发展方向和智力支持。

此外，区位条件是吉林省滑雪旅游产业发展的基础和首要因素。吉林省地处北纬 40°50'~46°19' 左右，以雄厚的滑雪运动资源为依托大力发展滑雪旅游产业，具有浑厚的滑雪体育文化底蕴。即便如此，也难逃"一年闲三季"的问题，因此对于滑雪旅游产业如何解决非雪季运营这一问题尤为突出。吉林市北山室内四季越野滑雪场有效地利用防空洞改造为滑雪场，解决了四季运营这一难题。值得注意的是，目前我国对技术方面的创新及应用，为滑雪场的四季运营问题提供了突破口，如仿真滑雪运动体验场馆就在很大程度上填补了这一空缺，切实可行地解决了四季运营这一难题，但是在顾客体验方面还是与真正的滑雪有较大的区别。仿真滑雪虽然模仿了真正滑雪的摩擦力，但是在人体感官如风感与触感等方面还有待提高。

（三）案例：吉林北大湖滑雪度假区

1. 吉林北大湖滑雪度假区概况

（1）基本情况

吉林省北大湖滑雪场（又称吉林北大湖滑雪场）是吉林北大湖滑雪度假区管理有限公司旗下的以滑雪运动及滑雪相关活动为主要运营的运动场所。北大湖滑雪场地处东北地区吉林省吉林市，由于山势坡度较缓，主峰海拔高于1400m，九座次峰海拔高度均超过1200m。且雪质优质雪季较长，距离吉林市区不远，交通便利。又因周围以群山闻名，有6处泉水常年流涌，非雪季时主峰形成放射性水源，符合人工造雪的条件。自1995年至今，北大湖滑雪场不断发展壮大，承办各类大型赛事。吉林市政局也全力推进北大湖温泉度假等旅游开发，北大湖滑雪场被当地滑雪爱好者称为"滑雪天堂"。

（2）发展情况

北大湖滑雪场发展情况共有两个方面：首先，滑雪旅游市场盈利模式重心转移。自2016年吉林省委、省政府出台《关于做大做强冰雪产业的实施意见》后，吉林省开启了新一轮振兴发展计划的实施，并将加强生态文明与发展寒地经济作为重要路径。在政府政策指引下，"冰雪文化""冰雪产品"等新名词逐步映入大众视野。与现行背景模式不同的是，传统模式下以营销手段、经营方式为主要盈利模式，滑雪场成为吉林省滑雪旅游市场发展的风向标和主战场。滑雪场传统盈利模式可分为两种：一种是增加产品品质，高额引入国外进口滑雪设备、滑雪设备调试技术，推出高质量的滑雪产品，结合营销手段从而达到盈利效果。采用这种方式盈利的前提在于要有庞大的资金支撑才能维持滑雪场企业的基础运营。另一种是拓宽宣传渠道，将滑雪产品多渠道地广泛宣传，结合滑雪场经营模式从而达到预期利益制高点。采用这种方式盈利的前提在于需要不断更新拓宽营销渠道才能够继续参与滑雪行业发展的竞争。

其次，随着滑雪旅游市场盈利模式重心转移，2019年吉林省政府通过搭建互联网平台，公开发布《吉林省冰雪旅游调查问卷》，更全面地了解消费者对吉林冰雪旅游需求及体验感，借冰雪发展东风将滑雪旅游市场发展重心转向了用户，更加注重消费者体验感及反馈评价，激发消费者参与体验、前往探索及购买欲望，才能够有机会与消费者建立情感上的共鸣，达成宣传效果。

（3）空间布局

为完成上述目标，按照开发区旅游发展总的指导思想、规划原则和发展定位，在充分考虑资源合理配置的基础上，提出北大湖区域旅游产业发展空间布局主要围绕"一核两廊三组团"架构展开。一核：以北大湖滑雪场为核心吸引物，以其自身快速提升塑造开发区的特色定位，并带动整个区域的综合发展。两廊：以五里河—青杨沟公路和白马夫—溪家—旺起镇路为两廊，连通开发区内外、串联区内各节点，连通体现区域风情特色的交通主干道和景观形象廊道。三组团：以滑雪场为核心吸引力形成的体育运动与商务会议组团、以温泉技术应用和水乐园为主题的生态娱乐和温泉度假组团、以体现乡村风情和特色产业为内容的乡村旅游组团。三个组团都是对价值资源合理布局的复合产业区，但又相互优化形成三足鼎立式的发展大格局。

（4）产品开发

按照"一核两廊三组团"空间布局的总体要求，以资源为基础，以市场为导向，以实现四季游为目标，利用北大湖山地资源、森林资源、水资源、温泉资源、农业资源和文化资源等，加快开发品位高、特色鲜明、在国内外旅游市场具有吸引力和竞争力的旅游新产品。开发区未来几年重点开发滑雪及滑雪设施扩建工程、体育运动训练基地、温泉度假村、水乐园主题公园、旅游小镇、五星级酒店公寓、体育运动教育培训中心、东北亚会议中心、森林休闲公园、户外运动装备产业园区、旅游综合服务区、综合配套设施 12 个旅游产品和项目。

北大湖滑雪旅游开发区发展以北大湖为核心品牌的体育运动休闲产业，带动长吉图乃至整个东北亚国际商务会展产业的发展，并联动相配套的滑雪、体育运动训练基地、温泉度假、水乐园主题公园、教育培训、旅游小镇，共同发展具有国际水平的体育运动休闲旅游目的地和东北亚高端商务交流平台。

经过未来几年的努力，把开发区建设成为以滑雪、体育运动训练基地、温泉三驾马车为主题的户外运动休闲度假区，成为吉林市建设东北亚区域重要的旅游中心城市和生态宜居城市的先导区和带动区，吉林市经济发展的一个重要增长极，以及吉林市旅游大市建设的龙头。通过五到十年的努力，把开发区建设成为国内前列、亚洲领先、国际知名的体育运动旅游休闲度假区，国内乃至东北亚区域高端论坛基地以及四季商务休闲目的地。

（5）承办体育赛事

北大湖滑雪场具有长期稳定的群众基础，2019 年北大湖 CLUBMED 正式竣工并投入使用，形成了独具特色的主题乐园、度假村、赛事一体化的冰雪旅游发展模式，新媒体背景下将打破传统模式的束缚，将信息、智能带入滑雪场，为消费者提供更便捷、系统、优质的服务，提高体验感。

建立独立滑雪品牌必然选择。吉林省冰雪旅游产业经过数十年的探索、摸索和发展已经在国内外打响口碑，滑雪品牌的价值日渐彰显。例如，承办各类赛事（表 5-2-1），创建名下度假村、学校、酒店等，使得北大湖滑雪场的业内知名度大幅度提高，为滑雪品牌建立奠定基础，提高了北大湖滑雪场度假村的品牌战斗力及战略竞争力，提高了消费者对品牌的认知程度。北大湖滑雪场是吉林市北大湖滑雪度假村管理有限公司旗下子公司，独立品牌的建立是能够展示所属公司的产品对抗与企业发展的综合竞争力，但至今北大湖滑雪场尚未建立独立的滑雪品牌。随着吉林省在全国冰雪旅游产业中的滑雪项目多元化、服务领域专业化、设备技术新颖化等优势突出，消费者整体的购买力度也随之上升，其消费水平、消费类型及消费特征，都将随着滑雪场推出的各类滑雪产品的质量、综合性价比、服务而有所提升，在满足消费者的个性化需求的道路上，依托天然的冰雪风貌特色资源，建立独立滑雪品牌，扩大滑雪场的宣传力度与效益，是确保北大湖滑雪场品牌发展的必经之路。

表 5-2-1 吉林北大湖滑雪场举办赛事统计表

年份	著名赛事	主要内容
1995 年 1 月 14—24 日	第八届全国冬季运动会	速度滑冰、短道速滑、花样滑冰、冰球、越野滑雪、高山滑雪等比赛项目
1999 年 1 月 10—19 日	第九届全国冬季运动会	速度滑冰、短道速滑、花样滑冰、冰球、越野滑雪、高山滑雪等比赛项目
2007 年 1 月 28 日—2 月 4 日	第六届亚洲冬季运动会	速度滑冰、短道速滑、花样滑冰、冰球、越野滑雪、高山滑雪等比赛项目
2012 年 1 月 3—13 日	第十二届全国冬季运动会	滑冰（速度滑冰、短道速度滑冰、花样滑冰）、滑雪（高山滑雪、越野滑雪、跳台滑雪、自由式滑雪、单板滑雪、北欧两项）、冬季两项、冰球、冰壶

续表

年份	著名赛事	主要内容
2014 年 9 月 6—7 日	全国户外拓展大赛	两个地面运动项目：营救行动、有轨电车；4 个低空项目：荡绳、胜利墙、飞夺泸定桥和携手并进；6 个高空项目：空中单杠、空中穿越、狭路相逢、天梯、高空天平和合力过桥
2016 年 12 月 17—18 日	2016—2017 国际雪联自由式滑雪空中技巧世界杯第一站	自由式滑雪空中技巧项目
2019 年 9 月 26—27 日	中国北大湖杯山地越野挑战赛	山地越野跑、山地马拉松、自行车 39 公里竞速赛
2019 年 12 月 15 日	中国青少年滑雪大奖赛东单北赛区 - 吉林北大湖站	单板滑雪大回转、高山滑雪大回转

2. 吉林北大湖滑雪度假区的教训

（1）在规划、开发和营运方面对商业运营缺少必要的考量

在较早阶段及发展中期，政府一直是滑雪场开发和营运的主体，国有机制使其缺少应有的活力。滑雪场权属在吉林省、吉林市之间的转换，影响了地方政府的积极性，作为一块"飞地"，其发展受到了地方政府消极应对的限制。新濠国际集团围绕北大湖所进行的商业开发，不是以产业的提升为主旨，而是以资本运营为主要目的，使北大湖失去了两年的发展时机。桥山集团的进入也是重蹈覆辙。较强的季节性使其经营收入微薄，弱化的市场导向使其经营上难有相当的品质。相对独立支撑吉林省的滑雪旅游产业，没有集聚效应，实是孤掌难鸣。

（2）缺乏专业运营管理人员，组织机构平台搭建不完善

根据调查发现，北大湖滑雪场运营管理人员对专业企业运营管理方面知识储备不足，缺少对具体的服务指标及完善的滑雪场运营管理体系的认知。专业人才培养是一个周期性的过程。首先，无论是中高层管理人员还是基础滑雪教学的教练员、指导员，各方面专业人才非常欠缺。其次，无论是中高层管理人员还是普通工作人员，以最高学历为准，均不是本职岗位中专业出身，是经过岗前培训等多种培训后得以完成岗位所分配的任务。最后，在运营管理工作的过程中，运营管理人员对运营管理专业知识的提升积极性不高基础薄弱，加之高强度的工作压力，很难胜任岗位工作，甚至出现运营岗位的人员流动性过大等现象，岗位缺乏人员就需要另一名非专业人员顶补，最终形成人员分配的恶性循环，不仅无法为

滑雪场运营带来优质化提升建议，也无法保证员工的工作能力的提升。因此，运营管理人员的能力水平与滑雪场运营发展密不可分，这也是吉林市滑雪旅游专业人才逐渐匮乏，无法将人才留住的直接原因，因为无法为少数的专业人才提供合理化的工作就业机会，最终导致运营管理专业人才流失。

（3）网络反馈渠道未开通，消费价格竞争力不强

北大湖滑雪场的消费者网络反馈平台可通过第三方网络平台进行评价发布，可发布图文、小视频等，无论消费与否平台全网在线用户均可查看，在线用户可根据第三方网络平台已消费者发布的全部评价内容分类别的进行筛选查看，例如仅看已发布图片的评价、仅看已发布视频的评价、仅看最新评价以及全部评价，作为初次购买的消费者一般更注重这些消费者的评价。北大湖滑雪场由于缺乏专业网络后台运营的专业团队，因此对滑雪产品质量、工作人员服务、教学服务评价不高或有不满的评价。目前评价系统由第三方平台支持，而三方后台数据由人工操作，选择直接从系统中删除或置之不理，消费者反馈后被忽视，至于体验感差等消费体验也便不了了之。除了各类旅游网站等第三方平台可以供消费者上传并发布评价反馈信息外，并无其他平台可以发布反馈评价内容，信息入口渠道狭窄。消费者反馈长期未得到回应，在未购得年卡或其他类型的储值卡的前提下，久而久之选择其他滑雪场，滑雪场因未顾及消费者的负面情绪而流失用户，故而评价管理系统尚未建立。这也势必为滑雪场的营销通道造成更大阻力。

此外，滑雪运动自北大湖滑雪场新修建立之时被周围居民称之为"贵族运动"，主要原因在于花销高、消费高，如2019—2020年滑雪场门票及周围酒店住宿餐饮的售价，除去团队组织的消费团队，留宿的消费者单次参与的消费者人均支出在700元左右，而不留宿（当天往返市区）的消费者单次参与的消费者人均支出在300元左右。随着发展"百万青少年上冰雪""三亿人上冰雪"等政策的下达，北大湖滑雪场也增加修建了娱雪区、雪摩托等适合滑雪运动基础较弱的大众娱乐滑雪项目，由此可见群众仍是滑雪场消费的重要指向人群。受新冠肺炎疫情的影响，2020—2021年雪季在北大湖滑雪场官方网站以及第三方旅游平台等网站所推出的门票价格尽管已略有下降，但对于工薪阶层的大众消费者群体单次参与的消费者人均支出也接近300元左右，价格略有偏高。据调查了解到，吉林省其他滑雪场（如长白山滑雪场、松山湖滑雪场等）的门票价格年均比北大湖滑雪场低，因此，消费价格竞争力不强成了北大湖滑雪场运营中的弊端方面。

3.吉林北大湖滑雪度假区的发展对河北省崇礼滑雪大区的启示

（1）规划和开发的方向应准确

以商业营运方向规划和开发为主，体育竞技方向规划和开发为辅。

（2）政府和企业的关系应明确

政府制定规则、营造环境、提供保障，开发和营运的主体应该是企业。产业发展注重利益与属地紧密关联，确保地方政府有相当的积极性。滑雪旅游开发区管理机构的设置和运行机制的设计，从主客观两个方面，要推动区域的发展而不是掣肘发展。

（3）实现产业集聚与互动，参与大市场竞争

引进真正意义上的产业开发者，而不是资本投机者。体制和机制设计要保障区域开发应有的活力，要聘用高素质的职业经理人。实现区域滑雪旅游产业的集聚与互动，以产业集群参与大市场的竞争。

（4）实现多季节运营，多业态经营

实现多季节运营，弱化季节性强对多向多业态经营的影响。

参考文献

[1] 崔伦强.瑞士滑雪旅游对哈尔滨的启示 [J].学理论，2019（12）：85-86.

[2] 王世金，徐新武，颉佳.中国滑雪场空间格局、形成机制及其结构优化 [J].经济地理，2019，39（09）：222-231.

[3] 王萍，费郁红，孙洋.冬奥会背景下我国滑雪旅游产业发展的探析 [J].哈尔滨体育学院学报，2017，35（06）：51-55.

[4] 李欣.我国滑雪运动三大核心区域可持续发展研究 [J].北京体育大学学报，2017，40（10）：9-16.

[5] 李智鹏，宋文利."互联网 +"时代滑雪旅游产业发展研究 [J].冰雪运动，2017，39（04）：85-88.

[6] 谢贻兵.黑龙江省滑雪旅游人口发展问题研究 [D].哈尔滨：哈尔滨体育学院，2017.

[7] 张雪.互联网 + 时代滑雪旅游产业的创新研究 [D].哈尔滨：哈尔滨体育学院，2017.

[8] 王丹.河北崇礼体育旅游经济发展特点与趋势研究 [D].石家庄：河北师范大学，2017.

[9] 王飞，朱志强.推进滑雪产业发展的大型滑雪旅游度假区建设研究 [J].体育科学，2017，37（04）：11-19+28.

[10] 王海荣，韩福丽.滑雪旅游女性市场开发研究 [J].冰雪运动，2017，39（02）：71-74.

[11] 阚军常，叶海波，张莹.基于产业集群的我国滑雪旅游产业结构优化的动力机制研究 [J].冰雪运动，2016，38（06）：52-57.

[12] 白鹤松.冰雪产业发展研究综述 [J].中国人口·资源与环境，2016，26（S1）：452-455.

[13] 叶海波，张莹.我国滑雪旅游产业的可持续发展研究 [J].冰雪运动，2015，37（04）：88-92.

[14] 白梅瑛.系统论视角下崇礼滑雪旅游项目的发展现状及对策研究 [D].石家庄：河北师范大学，2015.

[15] 贾红乾 . 亚布力滑雪旅游度假区发展对策研究 [D]. 哈尔滨：黑龙江大学，2015.

[16] 张葳，魏永旺，刘博 . 河北省滑雪旅游资源深度开发和特色品牌建设对策研究——以崇礼为例 [J]. 城市发展研究，2015，22（01）：15-18.

[17] 宋大维，王忠 . 京冀地区滑雪旅游产业现状与营销策略比较研究 [J]. 冰雪运动，2014，36（06）：64-69.

[18] 张玉 . 基于消费者行为的济南滑雪旅游市场营销策略研究 [D]. 济南：山东师范大学，2014.

[19] 叶燕 . 黑龙江省滑雪场品牌战略研究 [D]. 哈尔滨：哈尔滨体育学院，2014.

[20] 贾红乾 . 从旅游者认知角度探析滑雪旅游保险发展对策 [J]. 冰雪运动，2014，36（02）：83-88.

[21] 韩国纲，张守信 . 基于"钻石模型"的黑龙江省滑雪旅游产业竞争力研究 [J]. 冰雪运动，2013，35（05）：73-76+80.

[22] 陈岩 . 黑龙江省滑雪场经营现状与发展对策研究 [D]. 哈尔滨：哈尔滨体育学院，2013.

[23] 叶翀翔 . 张家口市滑雪市场现状的调查与分析 [D]. 石家庄：河北师范大学，2013.

[24] 张娜 . 东北地区冰雪旅游经济效应及调控研究 [D]. 长春：东北师范大学，2012.

[25] 李飞，刘敏 . 山岳型滑雪旅游地 MESH 问题探讨 [J]. 旅游学刊，2012，27（09）：26-33.

[26] 马永平 . 新疆滑雪旅游市场开发研究 [D]. 哈尔滨：哈尔滨体育学院，2012.

[27] 杜春玲 . 基于体验视角下的黑龙江滑雪旅游研究 [D]. 哈尔滨：黑龙江大学，2012.

[28] 姚建设 . 我国大众滑雪旅游安全研究 [D]. 哈尔滨：黑龙江大学，2011.

[29] 董建明 . 张家口市滑雪旅游市场的运营现状分析 [D]. 石家庄：河北师范大学，2010.

[30] 裴艳琳 . 滑雪体育旅游市场营销策略的实证研究 [D]. 上海：复旦大学，2010.